数创变革·职教迭代

国家『双高』专业群建设实录

桂元龙——主编

中国轻工业出版社

图书在版编目（CIP）数据

数创变革·职教迭代：国家“双高”专业群建设实录 / 桂元龙主编. —北京：中国轻工业出版社，2024.3

ISBN 978-7-5184-4720-6

Ⅰ. ①数… Ⅱ. ①桂… Ⅲ. ①高等职业教育—专业设置—学科建设—研究—中国 Ⅳ. ①G718.5

中国国家版本馆 CIP 数据核字（2023）第 240252 号

责任编辑：毛旭林

文字编辑：梁若水　　责任终审：劳国强　　设计制作：锋尚设计

策划编辑：毛旭林　梁若水　　责任校对：朱　慧　朱燕春　　责任监印：张　可

出版发行：中国轻工业出版社（北京鲁谷东街5号，邮编：100040）

印　　刷：艺堂印刷（天津）有限公司

经　　销：各地新华书店

版　　次：2024年3月第1版第1次印刷

开　　本：787×1092　1/16　印张：10.25

字　　数：260千字

书　　号：ISBN 978-7-5184-4720-6　定价：78.00元

邮购电话：010-85119873

发行电话：010-85119832　010-85119912

网　　址：http://www.chlip.com.cn

Email：club@chlip.com.cn

230847W3X101ZBW

编委会成员

主　编：桂元龙

编委会：占鸿鹰　徐　禹　伏　波　向姝胤　梅文兵　罗名君
　　　　李　楠　吴　楚　梁晓琳　张锡莹　葛涵之　潘景全

序

19世纪的欧洲，以机械化和电气化为代表的产业革命催生了包豪斯教育体系，这种全新的现代设计教育深刻地影响了全世界。

21世纪的今天，以数字化和网络化为支撑的智能时代，“云计算”“物联网”“大数据”“智能化”正在重构人类文明的新形态。什么样的高等职业技术教育能够满足新时代对设计创新人才的需求？高等职业技术教育，在全新的范式下迎来了自己深刻的变革。我们有幸见证、参与甚至引领了这场变革。

高等职业技术教育的特色，正如世界上其他伟大的事业一样，都是开始于其独特的理念与道路。高等职业技术教育的理念在根本上是以学生为核心展开的目标规划，这一目标规划决定了一所高等职业教育院校所选择的道路，也就是这个学校的人才培养方案。

目标规划与方案形成，就构成了人才培养模式的核心。

无论如何，任何教育体系都属于它的时代，都立足于它所属时代的经济基础；任何教育体系都不可能跨越自己所属的时代。当然，教育反过来也会深刻地影响着它所属的时代。

1975年，广东省工艺美术学校，肩负工艺美术赋能外贸创汇的使命，开启了工艺美术教育的征程。于1981年并入广东轻工职业技术学院，在粤港澳大湾区40多年的飞速发展中，成长为中国开展现代设计教育规模宏大、专业门类齐全和影响力卓著的高职艺术设计学院。

2019年以来，教育部开展了高等职业技术教育“双高”建设工作，即打造技术技能人才培养高地和技术技能创新服务平台。这里有三个关键词：技术技能人才、培养高地、创新服务平台。

“双高”建设其实是在国家层面对高等职业教育的人才培养模式的顶层设计。

自2019年以来，广东轻工职业技术学院艺术设计学院（简称“广轻艺术设计学院”）在教育部顶层设计的指引下，坚持自己的办学模式，取得了一些示范性的教学与产业服务成果。

我们一直走在创新的路上。创新，或许可以成为广轻艺术设计学院5年来“双高”建设的标签。创新是时代的。这是一个数字经济的时代。这是一次新的产业革命，这是以云计算、物联网、大数据与智能化（简称“云物大智”）为代表的时代。

有人说过：拥抱互联网，未必会成功；但不拥抱互联网，就注定会被我们的时代所淘汰。

广轻艺术设计学院，敏锐地意识到了时代的风口，并在数字创意产业中革故鼎新，用数字创意产业最新的理念、技术与思考方式催生艺术设计人才培养模式的迭代。

正如我们今天正在体验的一样，数字经济在重塑人类生活方式的每个方面，其中，对高等职业教育来说，我们关注的是数字经济正在重塑未来的工作形态。

新时代的年轻人，他们的出生伴随着互联网的发展。他们天生就熟悉网络气息。在这样一个时代，用数字化的工具来表达创意是他们标示自己存在的基本条件。为了新一代人的成长，我们学习，我们探索，我们服务，我们创新。

我们只是与时代同行，如果我们所取得的成果还能与大家共勉的话，那么我们首先要致谢这个伟大的数字时代。

数创变革，职教迭代。

是为序。

广东轻工职业技术学院艺术设计学院院长、二级教授

目　录

第一章
数字时代艺术教育范式转换的引领者

美国科学史家托马斯·库恩（Thomas Kuhn）认为科学革命的本质就是范式的转换。在范式的转换过程中，新的范式可以具有更强的解释力而将旧有范式理论框架中的问题与例外包含其中。范式转换阶段，不同于常规科学缓慢、连续、稳定和积累的变化，而是呈现出革命的形态。

广轻艺术设计学院利用工业4.0时代所带来的艺术设计教育范式的转换，全面投身于数字创意产业，与腾讯、阿里、科大讯飞等头部企业合作，广泛网罗设计大师、技艺大师、商业大师，在艺术教育范式转换所带来的革命中迅速从一个跟随者变为行业变革的引领者。

教育发展的形态，取决于特定社会的生产关系。生产关系又取决于一个社会的生产力。

纵观人类社会发展的历史，迄今发生了四次工业革命，德国学者将其划分为四个阶段：工业1.0是机械化时代，工业2.0是电气化时代，工业3.0是信息化时代，工业4.0则是利用信息化技术促进产业变革的时代，也就是智能化时代。（图1–1）

中国的经济发展是多种工业革命成果共存的形态。但要引导中国教育走向现代化与国际化，我们就必须与世界发展的最新工业水平同步。

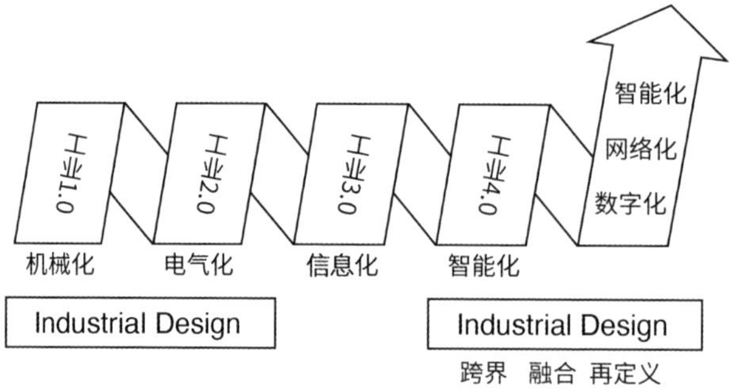

图1-1 工业1.0—工业4.0设计时代特色

本书中所提到的职教迭代，就是以广轻艺术设计学院为代表的一批中国高等职业艺术学院，顺应工业2.0电气化时代和3.0信息化时代向4.0智能化时代转型的过程，在数字创意教育中，推动了高等职业艺术设计教育的转型，从而完成了标志性人才培养模式的转换。

第一节 包豪斯运动——工业1.0和工业2.0时代艺术设计教育的高峰

我们之所以要谈起20世纪初的包豪斯运动，是因为包豪斯运动奠定了现代艺术设计教育的基础，建立起了现代艺术设计教育的范式。

有学者就包豪斯运动总结出如下要点：

（1）奠定了现代设计教育的结构基础，目前世界上各个设计教育单位，乃至艺术教育院校通行的基础课即为包豪斯首创。

（2）开始了采用现代材料、以批量化生产为目的、具有现代主义特征的工业产品设计教育，奠定了现代主义工业产品设计的基本面貌，迄今依然对工业产品设计有深刻的影响。

（3）广泛采用工作室体制进行教学，让学生参与动手制作的过程，完全改变了以往那种只设计、不动手制作的陈旧教育方式。

（4）着手建立了与企业界、工业界的联系，使学生能够体验工业生产与设计的关联，迈出了现代设计与工业生产密切联系的第一步。

（5）建立了一整套设计艺术教学方法和教学体系，为后来工业设计学科体系的建立、发展奠定了坚实的基础。

（6）包豪斯从事的设计实践真正实现了技术与艺术的统一，形成了真正的理性主义设计原则，开创了面向现代工业的设计方法，填补了现代艺术与技术、手工艺与工业之间的鸿沟。

包豪斯运动也有其历史局限性，它过于强调理性、功能，形成冷漠的风格，忽视了人的心理需求，影响了人与产品之间的情感和谐，显得机械呆板，缺乏人情味和历史感。

包豪斯不强调个人的风格。由于大规模机械化生产，一切设计呈现出几何形的、严谨的面貌，线条和形体是极度精练和简化的。这也就成了所谓的德国设计风格。

从包豪斯所处的世界历史维度来看，是典型的工业1.0和工业2.0的时代。当时西方正在通过工业化、规模化制造来让大众拥有更多的生活资料，包括房屋、家具与家庭用品等，这些范畴内的作品，同样也构成了包豪斯大师们的设计主题。

第二节　工业4.0时代的艺术设计教育范式

工业4.0的概念最早出现在德国，2013年的汉诺威工业博览会上正式推出，其核心目的是提高德国工业的竞争力，在新一轮工业革命中占领先机。

艺术设计是为了人而存在的，是为解决人的现实问题而存在的。到了智能化时代，要解决的问题是在人们基本生活需求得到满足后产生的个性化需求，并且通过产品的小批量、订制化生产来加以满足；同时人们希望能够提高消费的文化含量与意义感，更多地参与到产品生产的过程中去，获得更丰富、立体的消费体验。

这种现象看起来似乎是手工艺时代的回归，却是在数字技术的基础上来满足人们的个性化需求，也就是说在生产力不断提高的基础上来满足人们的产品订制化需求。

工业4.0时代的设计体现了如下特征。

1．万物互联的设计

德国所谓的工业4.0指的是利用物联信息系统将生产中的供应、制造、销售信息数据化、智慧化，最后达到快速、有效、个人化的产品供应。

物联网真正实现了万物互联。真正的生产力不再来自单个的机器与劳动者的效率，而来自人与物、物与物之间的关系。这种人与物、物与物之间的关系建立的基础就在于射频识别、全球定位系统与传感器及其无线传输技术，建立起一个智能识别系统，构成了一个物联网络。这将是人类生活的基本环境，也是所有设计师要面对的设计边界条件。

设计的基本要义，就是识别，但在物联网语义下的识别，就是数字的识别；因此设计师必须掌握基本的数字技术，并要运用数字技术的最新成果来实现自己的设计。基本的设计表现，目前已经完全可以通过数字技术来实现，简单的设计劳动同样可以通过数字技术来实现，设计师要在数字世界中生存，成为创意阶级的一员，最为重要的是创新能力的培养。就这个意义而言，数字化设计，物联网语义下的设计，就是基于全产业链基础上的数字化系统性创新设计。

2．场景化的设计

人的个性化来自什么地方？就来自个人对生活场景的构思。产品的个性化意义，就在于对人所处的场景的理解。所有的产品在场景所呈现出来的意义与情感中才能实现相应的价值。

工业4.0时代的设计，最为重要的是对人的生活场景所体现的情感与价值的理解。

从中国当代人们的生活状况来理解，智能化、时尚化与国潮风，是人们情感价值的基本取向。这就要求设计师必须要做到科技、艺术、人文与商道四者并重。传统只重视单一的、片面的设计表现技能，只重视产品功能的设计，不能满足工业4.0时代的设计需求。

在工业4.0时代，设计师要在全面把握生活的基础上设计生活。场景化的设计，就是要求设计师是一个会讲故事的人，可以描绘人类未来生活场景并在此场景中帮助用户获得情感、价值与意义而展开工作。

这就要求未来的设计师在进行职业准备的时候，要成为一个科学与艺术相统一、人文与商道并重的全面发展的人。

3．问题解决导向的设计

传统的设计也强调问题的解决，但是工业4.0时代要解决的问题、解决问题的方式是全新的。

作为个体的设计师来说，要真正找到问题的解决方案就必须突破单纯的专业局限。在信息时代，以操作不同软件来划分设计专业的做法也随着数字创意时代人工智能的应用而被打破，以后唯一的专业就是以设计与表现的方式解决问题的专业，项目制教学将进一步得到强化。在数字创意时代，各种设计平台、种种表现功能强大的软件，为解决设计问题提供了强大的工具。但工具并不是方案，真正意义上的解决方案取决于策略、资源协同与个性化的呈现。

更为重要的是，要解决工业4.0时代的问题、人们对生活方式个性化的追求问题，设计师需要的是主动加入设计师创意群。在订制式生产的条件下，任何制造都是模块化的功能组合，而个人设计师不可能提供订制式生产所需要的所有模块。设计师的首要任务就是要与其他的设计师协同，在一个创意团队中找到自己工作的价值。

在这个意义上，一个设计师的表现才能必须要有强大的协同意识才能得到充分演绎。工业4.0时代，设计师的作业方式似乎是对工业工作方式的回归，但有一点完全不同，那就是离开了互联网，设计师的生存都将成为一个问题。

未来的设计师必须学会与社会各个领域及整个设计生态共生，要能与其他设计师就整体设计方案进行深度的交流，要充分呈现设计方案对未来生活价值和人类共通情感的理解，才有可能在工业4.0时代提供以解决问题为导向的设计服务。

第三节　广轻艺术设计学院：从跟随者到引领者

广轻艺术设计学院，在中国设计向工业4.0时代设计转型的过程中，抓住历史性机遇，配合教育部“双高”建设，在课程体系建设、创新型教师团队打造与实验、实训、实践基地建设方面，将自己的创意性构建与优质资源的融入相结合，迅速在高职艺术设计教育中异军突起，成为中国高职艺术设计教育改革的引领者。

我们之所以能够从跟随者到引领者，除了我们立足于世界最有活力的湾区经济，身处广州这一“全球订制之都”，背靠深圳这一“世界设计之都”外，更是因为我们更早地意识到工业4.0时代基于数字技术的创意产业革命，意识到了艺术设计教育范式上的变革，从而投身这一伟大的变革之中，成为数字创意产业革命的引领者。

工业4.0时代的数字创意产业革命的范式转换，可以概括为以下几点。

智慧先于知识。在农业时代，经验与阅历就是力量；在工业时代初期，知识与技艺就是力量；在工业4.0时代，创意与创新才是力量。

体验先于功能。在工业4.0时代，人们追求的不是对产品功能的拥有，而是产品消费所能带来的情感体验与人文价值。

交互高于静态。在工业4.0时代之前，产品的生产与消费是分离的，而在工业4.0时代，消费者参与到内容生产过程中来，消费者就是生产者。

整体超越碎片。在工业4.0时代之前，人们认为互联网的信息是碎片化的，是需要传统的知识架构来加以整合的。在工业4.0时代，互联网是实现生产者与消费者、制造商与供应商、制造与物流等各种传统角色整合的平台。

构想优于实现。工业4.0时代，智能工厂的出现，订制化模式的导入以及与之相关的信息技术，使得产品的可实现性大大增强。更为重要的是：人们必须要对未来人类生活理想状态不断地拥有新的构想。

在新的范式下，广轻艺术设计学院根据国家战略性新兴产业数字创意产业的人才需求，确定高职艺术设计类专业“精设计、懂科技、通商道、厚人文”的复合型技术技能人才培养目标。

数字创意产业推动了产业链重构，要求数字技术和创意设计融合发展，根据产业链岗位的分析和能力要求，确定了“设计+科技+商道+人文”的复合型技术技能人才内涵要素。首先，坚持立德树人，以人文价值取向的培养实现德技并修；其次，融合创意设计和数字技术复合专业能力培养，满足数字创意产业新要求；最后，以商业价值的创造能力服务于产业。四个要素相辅相成，缺一不可。

广轻艺术设计学院基于OBE（outcome based education）成果导向教学理念，以学生课程作品的商业转化能力作为成果考核目标，以艺术设计产科教联合中心（国际数字创意谷）技术技能平台为纽带，推动从学生作品到商品的转化。

广轻艺术设计学院与产业龙头企业共建一批国家级、省级专业教学资源库、精品课程以及国家级规划教材，形成数字化、立体化“线上线下”混合教学资源；构建“标准先行、多级项目、能力递进”的模块化课程体系，牵头主持制订四个国家职业教育专业教学标准，遵循岗位职业能力递进的特征，建立以真实商业项目为主的跨课程项目教学；严格遵照商业设计的规范，推行精准设计“创意优+”教学方法，对设计方案集中优选，再不断循环推进，直至形成客户认同的方案，从而实现“工学商”有机融合；“政校行企”共建艺术设计产科教联合中心（国际数字创意谷）技术技能平台，由产业学院、产业研究院、研发中心和工作室组成，教学实践、社会服务和师资培养并重，获评国家生产性实训中心、轻工行业中小企业公共服务示范平台等省级以上认定十多项，实现作品向商品转化，保障工学商一体化人才培养模式的实施。

广轻艺术设计学院自2019年开展“双高”建设以来，在新的艺术设计教育范式下，不断通过各种教学改革与创新赢得了国家、省教育厅与学校的肯定，成为示范性高职艺术设计专业。

在学理意义上，广轻艺术设计学院之所以能够从一个行业的跟随者迭代为一个行业变革的引领者，正如科学领域内发生的革命一样，就在于范式的转换。在范式转换过程中，以包豪斯为代表的工业1.0和工业2.0时代所形成的基本艺术教育体系得到了继承，同时，我们在新的范式下积极展开了新的人才培养模式建构工作。

最为显著的例子就是项目制课程与工作坊制度。这是一个OBE导向的建构，在世界范围内正在成为普通高等教育、中学教育甚至是小学教育的教学模式。在这个方面，广轻艺术设计学院是在清晰的新范式下以从知识传授到智慧获取的形式展开的，是人才培养结果导向的基石。广东轻工职业技术学院的数字创意谷模式成为数字创意产业人才培养的标杆。或许有那么一天，这一模式将是艺术设计教育模式迭代的标志。

第二章
具有千年商都特色的工学融合

人才培养模式及其所承载的办学理念，就是一个学院的个性所在，是这个学院的基因，学院所有的作为与建构都是这个学院理念的外放。

广轻艺术设计学院的人才培养模式是**工学商一体化**的教学模式。在高等职业技术教育的人才培养模式中，广轻艺术设计学院率先将商学写入了人才培养模式。

这是院长桂元龙教授的一个具有先锋性和前瞻性的尝试。艺术设计学院要培养什么样的人才？在传统观念中，无论是什么样的职业教育体系，都是为了职业的规划、职业的训练、职业的获取与职业的成功。其核心就是技术技能。从职场的可适应性与历届学生成功者的分析来看，艺术设计学院要培养的人才就是商人艺术家或艺术家商人。

这个概念似乎有内在矛盾，即我们通常认为商人不懂艺术，艺术难以商业化。而艺术设计教育所面临的问题也正在于此。许多学生包括许多教师都认为艺术设计应当是纯粹的，是至高无上的，而真实的职业场景则是艺术设计是为商业服务的，是要从商业出发，落实为具体的商业项目，只有在商业活动中被成功采用并帮助客户成功的艺术设计作品才是符合职业场景的。

艺术设计专业的学生，生产出作品来，这是解决问题方案的一半，将其设计概念与设计作品生产出来并销售出去，实现作品的商业价值，这是解决问题方案的另一半。艺术设计作品本质上就是“商品”，而不仅仅是“作品”。商品就是要满足客户需求的，这是出发点，也是归宿。

艺术设计专业的学生，首先要从高中阶段对纯艺术的向往转型为职业状态下的设计师，才能为自己未来的职业生涯做好充分的准备，并在未来的职场上展示自己，营销自己，成就自己，在一个正向的能量循环中不断地提升自己的高度。

广轻艺术设计学院的著名校友、著名雕塑家许鸿飞先生，就自命为“商人艺术家”。他的成功，就在于他是一个典型的岭南文化人，不断地推广自己的形象，在作品取得世界级成功的同时，适时推出了个人原创品牌的文化衍生品。他就是广轻艺术设计学院人才培养模式的代言人。

第一节　工学商一体化模式的内涵

广轻艺术设计学院的工学商一体化模式自2017年形成雏形后，在办学历程中不断得到丰富与完善；经过多年的磨炼和积淀，形成了丰富的内涵。这个模式的生命力，将在未来的历程中进一步展现出来。

工学商一体化办学模式中的“工”，就是指粤港澳大湾区的整体产业生态、文化生态与科技生态。

高等职业教育的办学目的就是要为学院所在地的产业培养符合产业发展所要求的技术技能人才。因此，一个高等职业技术学院的办学特色与办学风格，不是来自形而上学的先验构建，而是来自结合所在地的产业环境、产业结构与产业发展趋势对人才需求的洞察，同样也要利用其在全球范围内的优势产业定位，并通过人才培养来强化这种优势地位，形成自己的办学风格。只有形成了对产业所需要人才的准确定位并能坚持这种人才培养定位，企业才会给予院方办学资源、办学条件的支持，提供相应的实验实训基地，提供项目制教学所必需的真实课题，并让企业中的精英走向院方的讲台，从而实现真正意义上的产教融合，为开展合作式办学，实现订制式的人才培养创造广阔的空间。

广东轻工职业技术学院位于广州，天然带有这座城市的特质，具有这座城市的产业气息。广轻艺术设计学院也利用毗邻港澳、身处大湾区腹地的地缘优势，不断加强自己的国际化办学水平。

粤港澳大湾区的产业优势地位与广轻艺术设计学院的办学模式的展开之间的关系，我们将在后续的章节中阐述。

工学商一体化办学模式中的“学”，就是指符合产业需求，为培养特定规格人才的课程体系的策划与实施。课程体系的策划包括职业岗位的素质、知识与能力的分解，并开设专门的课程对学生进行精准的训练。

一个教学体系可以从两个维度来分析：一个维度是教师。要完美承担高等职业技术教育的课程教学，教师必须是双师型人才，既是教师也是工程师。为了增强对学生的影响力与吸引力，教师必须提升自己在所属专业、产业界的地位，要成为名师，从而让学生主动追随，加入他们的工作室，拜他们为师，形成一种良好和谐的学习与工作生态。

另一个维度就是学生。学生本身也是具有其时代特性的，“95后”到“00后”的学生，本来就出生、成长于互联网时代，身上具有鲜明的互联网时代烙印：主动探索而不是消极地接受，既具有偶像崇拜的特性，又强调自主的个性，喜欢在现代场景中沉浸式体验，而较少进行逻辑的、学理的思考。从高等职业教育办学方针来说，学生是学院的主体。因此，为了适应新一代学生的特点，教师必须在教学方式上将互联网最新的技术形态与思维形态呈现出来，从而达成良好的教学效果。

高等职业教育作为一个独立的高等教育类型，其显著特点就是：强调动手解决问题的重要性，实践思维重于逻辑思维。正如广轻艺术设计学院所提倡的一个理念：用手去思考。为了提升学生动手解决问题的能力，就必须要明白什么是真实的产业问题，用产业的逻辑是如何解决这些问题的。

因此在高等职业教育体系中，实训与实操是一个至关重要的环节。要做到这一点，高等职业教育要求必须有高度仿真的实训教学基地与企业实操基地。

为了弥补学院职业训练与企业真实操作场景之间可能存在的不对称，艺术设计学院高度重视项目驱动制教学，将企业的真实项目引入课堂，通过基于项目的环境分析、策略拟定与资源配置，在解决问题的过程中让学生明白未来职业所需要的核心技能。

工学商一体化办学模式中的“商”，实际上言中了高等职业教育的本质，那就是培养被企业人力资源部所接受的，具备良好职业素养和相应职业技能的人才，这也就体现了高等职业技术教育与普通高等教育在类型上的差异。

工学商一体化的商，就是广轻艺术设计学院的特色，也是艺术设计学院在高等职业教育办学模式上的创新。

正是对商学元素的融入，决定了工学商一体化办学模式的指向：目光外求，关注市场。

商业的本质就是竞争，在竞争中取胜的利器就是差异化。将商业思维的培养纳入人才培养模式中来，就是追求差异化，即人才培养模式的差异化。将商业思维纳入人才培养模式中，重新定义了高等职业教育的特性。

通常，学与商在传统思维框架内是对立的，文人与商人在本质上就是不同趣味取向的人群。基于对高等职业教育本质的领悟，我们要培养的就是有文化气质的商人与有商业头脑的文人，只有这样兼容两种不同气质与能力的人，才能适应未来社会发展的需要。

方向确立了，朝着这个目标去努力，这个学院，这个学院中的专业群，这个学院中的每一位老师，只要有恰当的机缘，都将成为业界的标杆。

要做到差异化，深入商业的核心，那就是创意与创新。只有创意与创新，才会吸引业界的充分注意。商业的本质是差异化，也就肯定了创意与创新的优先地位。

任何的创意与创新，都是指向未来的，都是注定要突破现存的同质化陷阱。我们所培养的学生，是要去适应现存职业岗位的需求，但并不是去简单地重复前人已经展开的工作。

在数字经济时代，越来越多的可以简单重复的工作将会被人工智能所替代。只有具备创意与创新能力并能深刻理解消费者深层需求的人，才能够在这个时代生存与发展。

商业的竞争，也将是效率的竞争，在数字时代，人类的效率已经几何级数地得到提升。任何科技的革命也将最终体现为效率的革命。所以，商业本质上就是要主动拥抱科技革命的积极成果。要立于世界强者之林，我们不能通过在既存模式下小修小补而自鸣得意或取得领先地位的。

随着产品的寿命周期越来越短，要在商业的世界里领先，就必须具备拥抱变化的勇气。这个世界上唯一确定的就是无所不在的不确定性。任何停留都将为其他竞争者超越我们提供契机，所以要适应这个世界，就是要不断地鞭策和超越自我。对学生来说，就是要不断地更新自己的知识结构，要终身学习，要创意性地学习，要为解决问题而学习。

第二节　工学商一体化人才培养模式的内在逻辑

在第一节中，我们简要地阐述了工学商三大元素的基本内涵。作为一体化的人才培养模式，这三大元素有着内在的逻辑关系。

三大元素中，最为核心的就是商。这是因为正是“商”这个元素构成了这个人才培养模式的个性及与其他人才培养模式的差异。共性是基础，是前提；而个性决定了人才培养模式的价值。

高等职业教育人才培养模式高度关注的产学融合或工学结合，也是高等职业教育的核心建构，只有通过“商”这个核心元素才能真正揭开其中的奥秘。

产业方与学院方，工与学，为什么能够融合？根本的商业原则，就在于彼此能够为对方创造价值。而不是基于产业方单纯的助学，也不在于院方有善良的诉求。否则，产学融合就只是短暂的、随机的，而不可能是稳定的、机制化的。双方先成为利益共同体，才能成为命运共同体。

要使产学融合成为人才培养模式中的基础性安排，我们就必须找到双方融合的做点。

产学融合的做点就在于我们能够通过技术技能人才培养基地所具有的优势向产业方输出，从而成为技术技能创新服务平台。

这种高地与平台之间的关系，高地越高越好，平台越低越好，在这种高与低的关系之间能够形成巨大的势能。高等职业技术教育所拥有的学科群优势、师资队伍所具备的应用研发优势、年轻学生群体所具备的创意优势、学院运维队伍所具备的社会资源动员优势，整合起来就构成了职业技术学院所特有的高地优势；由于师资队伍与学生群体数量足够庞大，可以给不同层次、不同需求的企业提供订制式的服务。

正是我们对高地与平台关系的理解，使得我们可以与腾讯、科大讯飞、树根互联这种具有强大产业影响力的头部数字企业形成良好而紧密的合作关系。这种合作，不是建立在影响力对等的基础上，而是因为我们能够提供更好的服务，为满足企业的真实需求而提出创意性的方案：要相信每个人都是独特的，每个学院都是独特的，关键在于发现自己的独特并将其发挥到极致。

形成与这种层次的企业的合作关系，有一定的运气成分，但运气也是自信与实力的一部分。

商业思维所带来的就是我们对结果导向的高度重视。广轻艺术设计学院自2019年“双高”建设以来，注重的不是为什么做，而是如何做。

为什么做是国家与地方一系列发展与深化高等职业技术教育的政策、法规已经解决或不断得到解决的问题，我们只考虑如何做，如何才能做得“多、快、好、省”。与其将精力放在国家政策的意义与目的探讨上，不如将其视作行动的指南，大胆假设，小心求证。在今天看来，一些当初不可能成功的事情，就是我们敢为天下先，先试先行，结果回过来去看，无论条件具备与否，我们尽力促成了许多标志性项目，从而具有示范与标杆的意义。

商业思维是一种健全的思维，适应环境并在此基础上改变环境的思维。如果说广轻艺术设计学院毕业生有什么样的特质，那就是在企业能够迅速明确工作标准并尽力将其做到最好。

商业思维是一种外向性思维、拓展性思维、创意性思维，因此我们在项目教学中引导学生关注客户的需求；关注客户的需求，最终关注消费者的需求，而不是在设计中只强调个人风格的表达。

这是艺术设计学院毕业生中的佼佼者在适应环境后，迅速取得令同龄人羡慕的成果的原因。因为他们明白：只有首先让客户成功，他们才会真正成功。

第三节　设定前瞻性的人才培养目标

人才培养目标，其实就是人才这种产品的设计理念。这一理念的来源是人才需求分析与洞察。人才培养目标，就是整个人才培养模式的起点。整个人才培养模式运行一个周期后，我们可以通过毕业生与人才目标的对照，从而对人才培养模式进行适度的调整，使之越来越逼近人才培养目标的实现。

高等职业技术教育，就是帮助准从业者去适应一个甚至今天无法想象的工作环境。因此，我们人才培养目标的定位要有更为广阔的未来视野。

什么是广轻艺术设计学院工学商一体化人才培养模式的人才目标？在我院的“双高”建设期间，桂元龙院长通过对“双高”建设宗旨的不断领悟，经过反复的酝酿，最终为艺术设计学院的人才培养目标给出了明确的定义：我们的人才培养目标就是要培养“精设计、懂科技、通商道、厚人文”的复合型技术技能人才。

精设计。这是艺术设计学院学生的立身之本。掌握现代设计技能并最终形成自己的风格，从而为客户营造个性化的品牌形象，为客户的消费者带来全新的时间与空间感受，建构出场景化的深度体验，这就是设计。设计就是处理形式与内容的关系，设计是捕捉事物本质的感觉能力和洞察能力。设计能力的培养，就是要让学生能够做到心手相应，创意与表达相互促成。要做到这一点，设计师就需要保持终身的修炼。

懂科技。以云计算、大数据、物联网、人工智能为代表的数字科技时代，设计的表现手段日新月异，设计学科不断融合，设计的效率不断得到提升。设计师要充分发挥自己的价值，履行自己的使命，及时吸收数字科技的最新成果并利用这些成果不断地丰富自己的表达方式，了解现代数字科技给消费者感知世界的方式所带来的冲击。对数字科技的国际化动态保持敏感，是一个设计师能够在当代社会生存与发展的必要条件。

通商道。设计在广义上是一种智力服务业，是知识社会的生产者，在本质上设计师的作品是为他的；只有客户的成功，才能保证自己的成功。要帮助客户成功，就必须深刻理解客户的根本需求；设计师的作品在实现了与客户之间的商业交换之后，才能实现自己的价值。设计师是一个适合自主创业的职业，要让自己的事业取得成功，就必须融入到整个社会经济的大生态中去。任何的创业，都是对尚未满足的需求的洞察并为此需求提供创意性的满足手段；设计师要取得自己事业的成功，就需要对用户及产业形态有深刻的洞察。

厚人文。厚人文就是对传统文化包括哲学、历史、文学与艺术和人类生存的自然环境持有敬畏、尊重、爱护与探索之心。人类的文化遗产将是设计师永恒的灵感来源。厚人文就是对人类的生存状况、对超越于自己直接利益范围之外的人类所面对的问题的解决有着天然的兴趣，对迅速改变人类生活形态的科技发展持有开放的态度，大胆设想人类的美好未来。厚人文就是在这样一个时代里，保持科学技术发展与传统文化价值的平衡，追求人与自然、人与人之间的和谐，对不同文化与不同价值的存在抱有宽容、对话的姿态。

第四节　百年校史，精神永传

广轻艺术设计学院之所以能够取得今天的成绩，除了全体师生共同的努力外，还在于承继了孕育这所学院的强大而优良的职业教育基因。

广东轻工职业技术学院1933年立校，到2023年已经有了90年的历史。学校成立之初，时值陈济棠在粤主政。陈济棠在主政广东期间（1929年至1936年），还是非常重视教育事业发展的，他提出“教育是立国之本，是永久的事业”，提倡民办中、小学校，设立图书馆，奖励专门技术之研究及发明。

广东轻工职业技术学院的前身“广东省立第一职业学校”即由陈济棠先生为其奠基题字。（图2-1、图2-2）

图2-1　广东省立第一职业学校校门牌楼

图2-2　陈济棠所题之奠基石碑

这所学校走到今天，数更其名，数易其址，但为工农子弟谋职业、为民生的改善而育人的目标从未改变。从其更名的历程来看，在新中国成立前，致力于糖、烟、酒、纸等产品的工业加工，直接造福民生。

新中国成立后，广东轻工职业技术学院隶属于中国轻工业部，在今天的校名上还留存着轻工业的印迹，沿着服务广东轻工业的发展轨迹前进。后来增设了塑料工程专业、轻工机械装备专业等，都是直接服务于轻工业的提升。

1975年开始设立的广东省工艺美术学校，其直接目的就是为了解决当时广交会出口包装设计人才高度缺乏的问题，这也就是今天广轻艺术设计学院的前身。（图2-3）

广轻艺术设计学院践行“设计轻工”教育，因应粤港澳大湾区制造业从“OEM-ODM-OBM融合IM”转型，历经“工艺美术教育—现代设计教育—数字创意教育”迭代，发展成为国内高职艺术

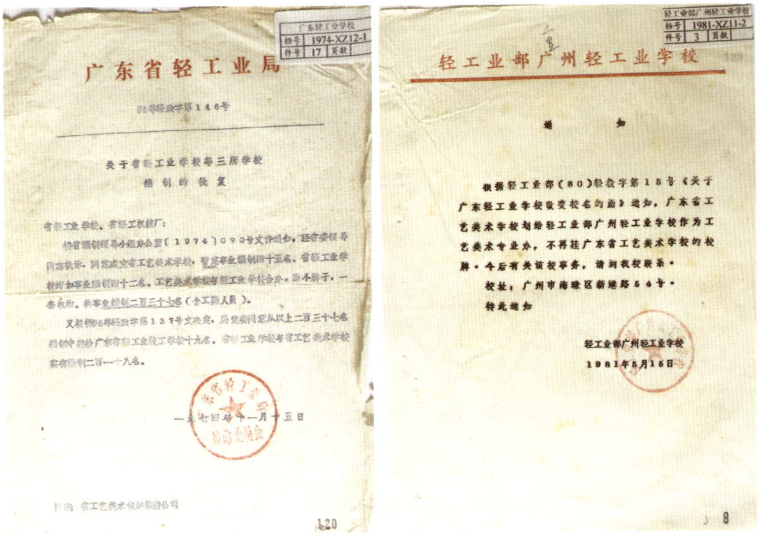
广东轻工业学校
档号 1974-XZ12-1
件号 17 页数

广东省轻工业局

[illegible]粤轻政字第146号

关于省轻工业学校等三所学校
编制的批复

省轻工业学校、省轻工机械厂：

根据省编制领导小组办公室〔1974〕090号文件通知，经省委领导同志批示，同意成立省工艺美术学校，暂定事业编制四十五名。省轻工业学校增加事业编制四十二名。工艺美术学校与轻工业学校合办，两个牌子，一套机构，共事业编制二百三十七名（含工勤人员）。

又根据[illegible]粤轻政字第137号文决定，局党委同意从以上二百三十七名编制中拨给广东省轻工业技工学校十九名。省轻工业学校与省工艺美术学校实有编制二百一十八名。

一九七四年十一月十五日

抄送：省工艺美术[illegible]公司

120

轻工业部广州轻工业学校
档号 1981-XZ11-2
件号 3 页数

轻工业部广州轻工业学校

通知

根据轻工业部（80）轻教字第18号《关于广东轻工业学校改变校名的函》通知，广东省工艺美术学校划给轻工业部广州轻工业学校作为工艺美术专业办，不再挂广东省工艺美术学校的校牌。今后有关该校事务，请到我校联系。

校址：广州市海珠区新港路54号。

特此通知

轻工业部广州轻工业学校
1981年5月15日

8

图2-3　1975年成立广东省工艺美术学校

设计教育领域专业门类齐全、办学规模巨大、影响力卓著的二级学院。

20世纪70年代，中国的工艺美术事业在为外贸赋能的需求中呈现出全新的面貌，以前所未有的速度在全国各地迅速发展起来。伴随着改革开放、国家工业化的步伐和人民生活水平的迅速提高，进一步改善生活环境、提高生活品质、满足大众消费需求便成为工艺美术的时代性课题。作为改革开放最前沿的广东，在中国轻工业部和广东省轻工业局指导帮扶下，设立广东省工艺美术学校，开办“工艺雕刻、工艺绘画、装潢设计”3个专业，10年期间累计培养510名工艺美术专业毕业生，为传统轻工产业赋能提供工艺美术专业人才支撑。

随着社会经济发展和改革开放的深入，特别是中国加入世贸组织和全球经济一体化进程加快，过去那种以观赏性传统工艺美术品为主的生产业态，被大规模标准化的现代工业生产业态所替代。服务于现代工业生产的设计创新人才成为时代的新宠，与人民生活需要直接关联的工业产品造型设计、广告设计、室内环境设计、服装艺术设计、数字媒体设计等现代设计类专业受到前所未有的重视。广轻艺术设计学院顺应时代需求，从工艺美术设计阶段转入现代设计阶段，办学规模得到迅速扩张，先后开设了11个专业和10个专业方向，成为国内高职艺术设计教育办学规模最大、专业门类最齐全的二级学院。在这个阶段，学院为粤港澳大湾区输送了23000多名艺术设计创新人才。

21世纪初，随着数字技术的快速发展，大湾区的数字创意产业迅速壮大，设计服务业迎来了新的发展阶段，设计服务业态和设计师的岗位技术技能都迎来了迭代。2019年，广轻艺术设计学院面向本地区数字创意产业发展，主动探索创意设计与数字技术相融合的设计创新人才培养模式，组建的产品艺术设计专业群获得国家“双高计划”专业群立项建设。至此开启了数字创意教育的新阶段，形成以中国特色高水平专业群，引领省级高水平专业群和校级高水平专业群发展的全新格局。（图2–4）

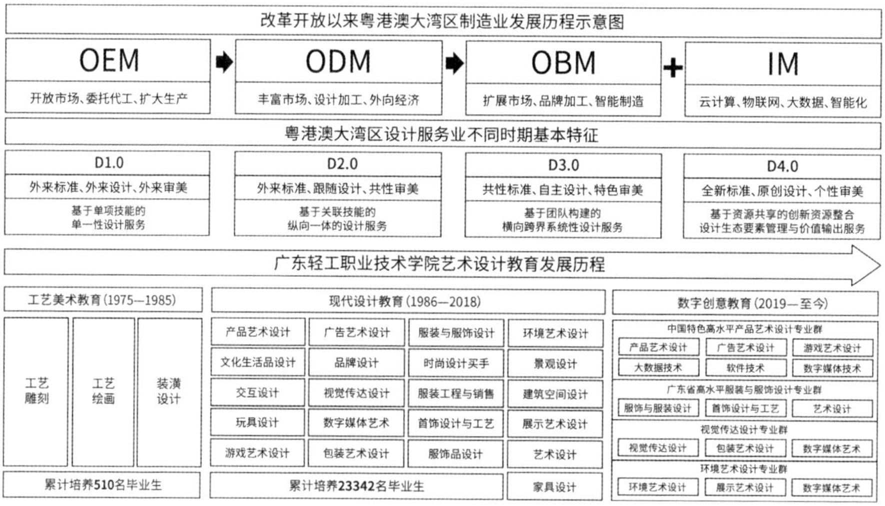

图2–4　粤港澳大湾区制造业与广轻艺术设计教育发展历程并行示意图

广东轻工业职业技术学院发展到今天，已经拥有了机电技术学院、食品与生物技术学院、轻化工技术学院、信息技术学院、汽车技术学院、生态环境技术学院、艺术设计学院、财贸学院、管理学院、应用外语学院、创业学院、马克思主义学院和继续教育学院这13个二级学院，建有工业机器人协同教学中心、现代信息技术与新工科协同教学中心、应用外语协同教学中心、课程思政教学研究中心4个协同教学中心，现有13个专业群，69个招生专业。

艺术设计学院，身处在这强大的学科群体中，与其他二级学院保持着良好的互动关系，可以通过其他二级学院直接对接各新兴产业和发展良好的产业集群生态，这也是艺术设计学院近年来取得发展的重要条件。

第五节　到中心去，到湾区去，到数字产业去

广东轻工职业技术学院位于广州。

广州是著名的千年商都，依托着毗邻港澳的优势与独特的地理方位，自古就有着良好的商业氛围。

广轻艺术设计学院之所以将商业元素列入人才培养模式中，就是为了体现学院所在地的产业特色。

商业就是通过交换来达到彼此的目标，因此商业就是服务，就是帮助对方达到目标从而达成自己目标的一种手段。

商业就是要敢为天下先，因此商人的灵魂就是创新，世界上任何一个商业城市都是充满了创意的活力。

商业就是集群。集群最初是为了使得交易更为方便，有利于通过集群方式来标示行业的存在，也有利于行业周边产业的聚集，但更为核心的是有利于形成一个信息中心与行情中心。

商业就是开放性的对结果的追求。因此商人是务实的，他们的行动是实效的，他们所有的问题解决方案都是市场的。他们通过不断地精确控制自己的成本与开拓新的市场增加自己的利润。

商业是有清晰定位的。这个清晰定位就是专业，他们希望在自

己行业内，将自己的专业做到最精，并以自己的专业安身立命。

商业就是通往财富的便捷之路；有了财富就有了消费，有了新的需求；消费进一步刺激了产品的生产与流通，催生了更多的新产品，因此整个城市就进入了一个生生不息的人流、物流、资金流与信息流的中心。

正因为如此，广州的学生天然就具有良好的商业意识。商业意识与职业教育的精神是高度契合的。其他来自各地的学生也很快受到了广州商业氛围的感染，从而融入这个商业中心，感受到这个商都的思维方式与做事风格。

2019年2月，中共中央、国务院印发《粤港澳大湾区发展规划纲要》。按照规划纲要，粤港澳大湾区不仅要建成充满活力的世界级城市群、国际科技创新中心、“一带一路”建设的重要支撑、内地与港澳深度合作示范区，还要打造成宜居宜业宜游的优质生活圈，成为高质量发展的典范。以香港、澳门、广州、深圳四大中心城市作为区域发展的核心引擎。

纽约湾区、旧金山湾区与东京湾区的发展，基本都是通过产业转移和产业结构升级，相继完成了从工业聚集、服务业聚集向创新资源聚集的转型，在城市基础设施体系之上，最终形成了各具特色的产业集群体系和产业服务体系，目前基本都已成熟定型。

粤港澳大湾区已经成为中国创新资源聚集区。

深圳被称为世界设计之都，广州被称为全球订制之都。（图2–5、图2–6）

智慧与资本一样，天然会流到最能产生增值的地方去。以计算机技术为基础的数字经济的发展是继蒸汽革命、电力革命之后的第三次科技革命。第三次科技革命不仅极大地推动了人类社会经济、政治、文化领域的变革，而且也影响了人类的生活方式和思维方式，随着科技的不断进步，人类的衣、食、住、行、用等日常生活的各个方面也在发生重大的变革。

图2-5　世界设计之都——深圳

图2-6　全球订制之都——广州

数字创意产业与文化创意产业自进入新世纪以来蓬勃发展，粤港澳大湾区也抓住发展机遇，利用大湾区的产业结构优势，发挥华为、腾讯等数字产业头部企业的领航优势，在发展数字创意产业的同时，也利用数字创意产业推动优势制造产业的数字化转型。有专家指出：数字经济对大湾区产业转型升级的带动效应充分显现，多项数据表明，数字经济已成为大湾区高质量发展的新引擎。

国务院办公厅发布的《国务院办公厅关于推动外贸稳规模优结构的意见》指出，将推进贸易数字化。支持大型外贸企业运用新技术自建数字平台，培育服务中小微外贸企业的第三方综合数字化解决方案供应商。支持粤港澳大湾区全球贸易数字化领航区发展，加快贸易全链条数字化赋能，充分发挥先行示范效应，适时总结发展经验。

粤港澳大湾区正在发生的数字经济革命，当然是属于新一代年轻人的。因此，广轻艺术设计学院自2019年以来，正是抓住了数字革命的机遇，在深刻理解高等职业技术教育使命的基础上，也相应进行了高等职业技术教育的数字化转型，从而取得了一系列在全国具有杠杆示范作用的成果，提升了“双高”建设的质量，完成了职业技术教育的迭代。

第六节　桂元龙和他的团队

一个团队的战斗力强大与否，往往取决于团队的领军人物。广轻艺术设计学院整体师资队伍齐整，但这只是做大做强艺术设计学院的必要条件。要在像“双高”建设这样全面提升一个艺术设计学院素质，并在全国范围内取得示范性效应，为艺术设计学院的未来发展奠定基础的长期工程中取得实质性的突破，则往往取决于这个团队的领导者。

一个领导者首先是要有清晰的理念，并坚持这种理念，传播这种理念。院长桂元龙履新之初，就提出了学院的人才培养目标和工学商一体化的人才培养模式，这就是他的办学纲领。有了具有个性的与远大抱负的目标，有了可以指导学院工作的整体方案，学院无论在课程建设还是实验实训基地建设方面都取得了如后文中描述的种种业绩。

在这个数字经济的年代，各种新的理念、新的模式、新的技术不断冲击着“双高”建设的团队。如何在这个变幻莫测的时代里，迅速做出决策，从而率先抓住发展的机遇，就成了问题的关键。桂元龙教授在繁杂的院务之中，准确地把握住了一条主线：无论如何也要同步于数字技术的最新发展。正是由于他及时而明确的决策，使得团队成员能够及时将互联网应用所带来的最新成果与艺术设计紧密结合，从而形成了一种全员矢志创新的活力氛围。（图2-7）

图2-7　桂元龙和他的团队

在这个世界上，只要是想做大事，就一定存在着资源短缺的问题。桂元龙教授在为“双高”建设争取资源方面竭尽全力。他争取资源的方式就是不断地向资源掌握方推销自己的愿景与广轻艺术设计学院个性化的人才培养模式。同时，他利用广东轻工职业技术学院办学历史悠久的特点，向具有广泛社会影响力的校友圈借力，为项目的开展保证了资源的供给。

在这个快鱼吃慢鱼的时代，行动的速度在很大意义上决定了成败。桂元龙教授是一个行动极其敏捷的人，在他的带领下，艺术设计学院往往是多个项目同时推进，同时取得进展，同时获得不错的收获。他的独到之处，就在于紧紧抓住关键项目与关键项目的关键点。

他在用人方面，秉承“有大局意识，不因循守旧，能实事求是将事情扎实推进的人就是有用的人”的理念。在他这里，去除了所有的背景因素，诸如学历、职称等。就这样，团队中的一批年轻人脱颖而出。

桂元龙教授是一个影响力营销的大师，他不仅不断地提高自己在行业中的影响力，而且敢于和国内数字经济的头部企业联手，成立产业学院，从而让整个团队的影响力大大提升，为新的项目展开奠定了良好的基础。

在他的带领下，艺术设计学院正在向本科层次迈进，向国际化职业技术教育接近，向层次完整、具有强大创新能力、国内一流的示范性学院前进。

第三章
艺术设计课程体系的构建与实施

在桂元龙院长的领导下，广轻艺术设计学院正在逐步成为技术技能人才培养的高地，成为中国艺术设计教育的标杆。

工学商一体化的人才培养模式，包括两个方面的核心内容：一是模式及其人才规格与标准的建构；二是必须要有相关的课程体系、精品课程与相应的师资力量来实现这一规格与标准。

我们想向读者展现的是艺术设计学院的课程体系、课程建设以及与之配套的课程资源库建设、国家精品课程的建设。

所有对产业需求的理解、人才培养规格与人才培养标准，我们都体现在课程体系及与之相配套的资源库中。

第一节　问题解决式的课程体系设计

一、我们要解决的真实问题及解决问题的方案

产品艺术设计“双高”专业群精准对接数字创意产业，将新兴技术融入创意设计，创意设计人才链对接产业链，实施教育供给

侧改革。该专业群中的产品艺术设计专业是广东省高职教育重点建设专业；广告设计与制作专业是国家示范性重点建设专业和广东省高职教育一类品牌建设专业；软件技术专业是国家示范性重点建设专业（省财政支持）和广东省高职教育二类品牌建设专业。（图3-1）

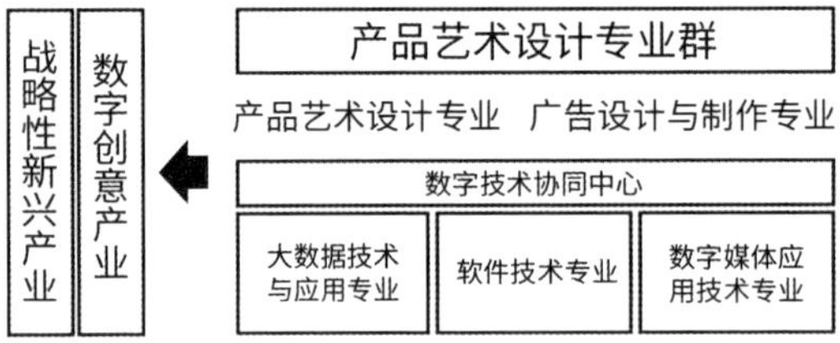

图3-1 精准对接数字创意产业构建专业群

随着国家“双高计划”产品艺术设计专业群的立项建设，艺术设计学院为满足数字创意产业对“精设计、懂科技、通商道、厚人文”复合型创新型技术技能人才的需求，创新了人才培养模式。广轻艺术设计学院首次提出了艺术设计类专业的工学商一体化人才培养理念，解决了高职艺术设计类人才培养体系缺乏商业转化环节、与市场需求脱节的问题（图3-2）。改革针对高职艺术设计类人才培养体系缺乏商业转化环节、与市场需求脱节、专业课程商业要素内容不足、设计人才缺乏市场化商品设计能力训练、实训建设与商业企业产教融合不足、设计作品商业转化平台匮乏等问题进行了有针对性的解决。

自2010年起，学院以“产品设计”国家精品课程为起点，借助广东省高职教育重点专业建设项目，在产品造型设计专业开始研究和探索工学商一体化人才培养模式的改革。2015年制订了实施方案，并在该专业进行了试点，随后于2017年逐步推广。这一改革于2020年获得广东省教学成果一等奖，并于2022年获得职业教育国家级教学成果二等奖的肯定。

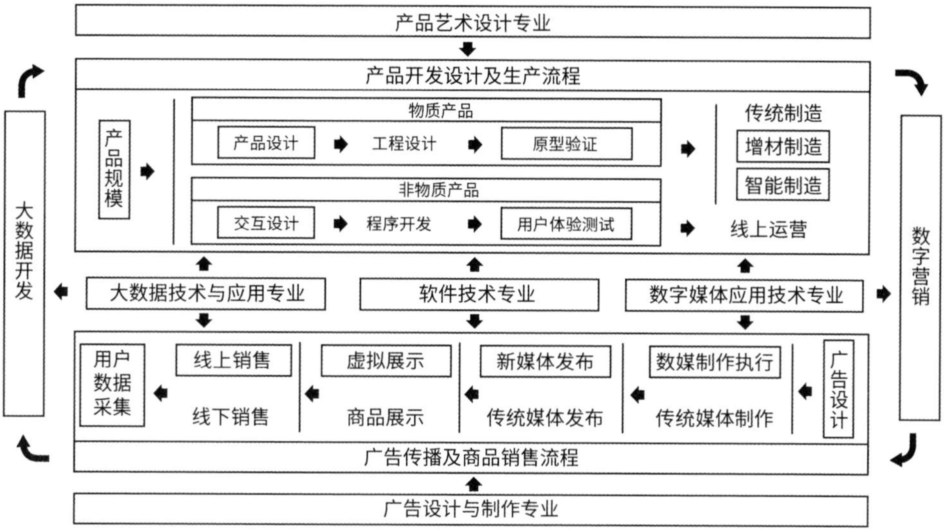

图3-2 产品艺术设计专业群对接数字创意设计产业链闭环

学院的人才培养目标是发展工学结合、推进深度产教融合，培养学生的商品设计能力。以泛在互联为背景，学院创新了工学商一体化育人模式。该模式基于“工学结合”教育模式，增加了商业环节，贯穿整个人才培养过程，并制订了“商业融入、科技融合、人文融通”的国家级专业教学标准。这一模式的核心思想是教学内容来源于真实商业项目，教学过程体现为工作、学习和商业的一体化，教学效果体现为课程作品转化为流通商品。通过这一模式，突破了传统高职艺术设计类专业对于单一能力培养的限制，回归了“设计创造商业价值，助力美好生活”的本质，培养了“创意设计+数字技术”高素质技术技能人才，实现了艺术设计类专业人才培养与市场的无缝对接。

学院以学生课程作品的商业转化能力作为评估成果的依据，融入了产业最前沿的商业、科技和人文要素。同时，学院构建了“多级项目、能力递进”的模块化课程体系，推行了“精准设计，创意优+”的教学方法，并按照商业设计的规范对设计方案进行优选。此外，学院还建设了由设计类教师、技术类教师和商业类教师组成的跨界混编的“三师”教学创新团队。

该人才培养模式的特色在于以市场需求确定项目的目标和任务，以项目的能力要求确定模块课程，并由设计导师、技术导师和商业导师组成教学团队实施项目教学。该模式将企业中的新技术、新工艺和新规范等产业先进元素纳入教学标准和内容，并根据商业项目的流程和规范组织授课进度。学生的课程学习成绩要引入教学成果的商业转化率来评估，实现了课堂作品向流通商品的转化。此外，该模式全程融入了创新创业教育，有效促进学生的就业和创业。最后，借助大数据技术进行商品的用户需求和满意度分析，为后续创意设计作品的立项和迭代提供支持。（图3-3）

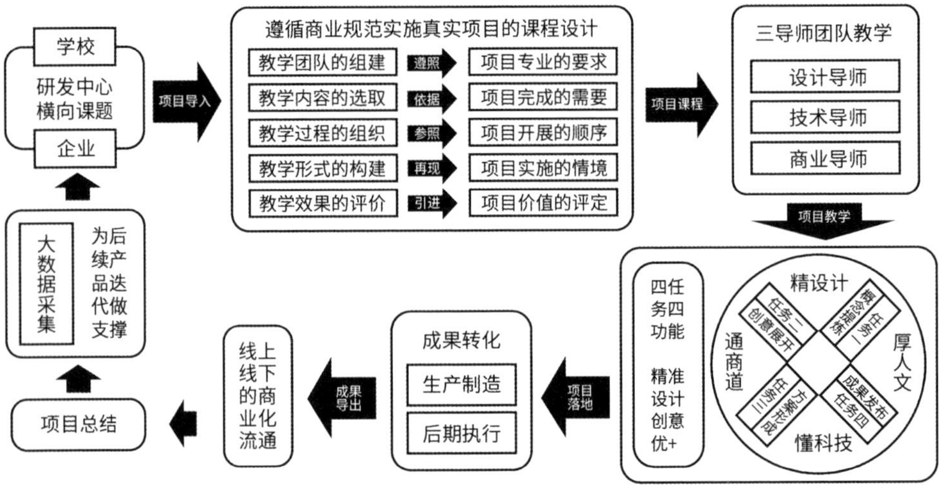

图3-3　工学商一体化产教融合人才培养模式

二、实施“多级项目、能力递进”的人才培养路径

为了适应职业能力递进的特征，学院建立了“教师主导型→双导师主导型→三导师主导型→三导师辅助型→学生自主型”的“多级项目、能力递进”的教学模式，根据国家级专业标准进行指导。该模式为学生提供了柔性组织的“新设计+新技术”跨专业课程，

旨在培养学生成为兼备数字技术能力和设计创意能力的职业设计师，使他们能够胜任复杂智能产品的设计工作。该模式实现了人才培养与产业需求的精准对接，一些优秀学生在毕业三年后即能胜任产品经理的岗位。

具体的实施计划分为三个阶段，如图3-4所示。

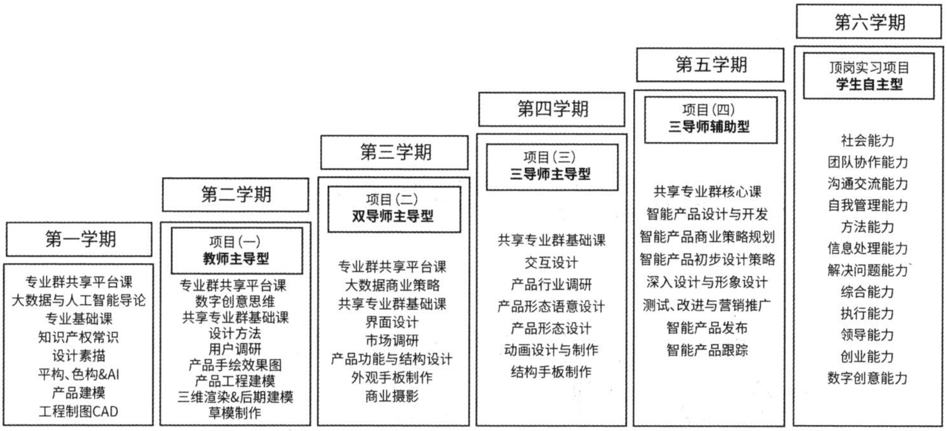

图3-4　产品艺术设计专业群“多级项目、能力递进”的人才培养路径

第一阶段（第一学期）：专注于培养学生的数字创意基础素质，完成专业群共享平台课程、职业素养和岗位基础课程的学习。

第二阶段（第二至五学期）：引入企业真实项目驱动的培养方式，教师在校内进行递进式的多级项目教学。学生通过自主学习，将工学与设计交融，逐渐培养出职业能力。

第三阶段（第六学期）：通过顶岗实习，学生独立完成真实且具有挑战性的任务，实现与就业岗位的无缝对接。

我们以工学商一体化项目制课程教改为基础，在项目制课程中引入企业真实的工作情境、文化氛围和管理模式，课程能够产生实际产品，产生经济效益，通过“做中学”和“学中做”的方式，学生能够在真实的项目中获得实践体验，提高课程任务的真实性和社会服务的效益。

同时，学院成功举办了两届工学商一体化项目制课程实战营暨东方麦田准设计师孵化营，通过真实案例及真实项目实践体验，理解产品创新和企业经营的关系，了解产品设计项目流程和企业制造、推广销售等相关流程的关系，从用户、社会、企业多角度审视产品设计。学生在真实案例和项目中接触到各个环节的需求和挑战，通过团队合作和跨学科的交流，培养了解决问题的能力和综合素质。实训营结束后，由岭南美术出版社出版了专著《准设计师——工学商教研孵化全程课案》。（图3-5至图3-9）

图3-5　2020年第一届工学商一体化项目制课程实战营

图3-6　2021年第二届工学商一体化项目制课程实战营

图3-7　工学商一体化项目制课程成果展

图3-8　工学商一体化项目制课程作品转化为商品

图3-9　出版专著《准设计师——工学商教研孵化全程课案》

三、制订国家专业教学标准，实现人才培养方案的领先性

学院致力于制订国家专业教学标准，以实现人才培养方案的领先性。我们构建了“商业融入、科技融合、人文融通”的专业教学标准，根据数字创意产业链各岗位的能力要求，确定了“精设计、懂科技、通商道、厚人文”的复合型技术技能人才培养目标。我们以学生课程作品的商业转化能力作为成果考核指标，并将产业最前沿的商业、科技和人文要素融入其中。我们牵头主持了国家高等职

业教育中的“产品艺术设计”“产品设计”“广告艺术设计”“包装艺术设计”四个专业教学标准制订，参与了十多个专业教学标准的制订工作。

随着数字创意经济的快速发展和产业的不断更新迭代，产品设计人才面临着新的需求。我们依照《国家职业教育改革实施方案》，落实职业教育类型建设需求和“双高计划”的任务。专业带头人桂元龙教授领衔国家职业教育专业标准制订课题组，负责应对这些变化。

在2018年，桂元龙教授主持制订了教育部高等职业学校的“产品艺术设计”专业教学标准。随后，在2021年，我们又主持制订了教育部高职本科的“产品设计”专业简介。这些标准深刻理解了专业的职业方向、培养目标定位、专业能力要求、专业课程设置、实习实训理念以及岗位课程和竞赛认证要求。从培养高素质技术技能人才到高层次技术技能人才的转变，我们在高职产品艺术设计专业教学中起到了引领作用。（图3–10至图3–14）

图3–10　教育部职业院校产品艺术设计专业教学标准制订第一次研讨会议

图3-11　教育部职业院校产品艺术设计专业教学标准制订第二次西部调研会

图3-12　教育部职业院校产品艺术设计专业教学标准立项课题开题暨培训会

图3-13　2018—2025年广东省工业设计产业发展分析与人才培养需求调研报告会

图3-14　教育部职业教育艺术设计类专业目录修（制）订工作部署会议

四、共建国内领先的课程标准

广轻艺术设计学院依托学校的产科教联合中心，与国内外多所院校、中国工业设计协会、广东省产教融合促进会数字创意设计专业委员会以及腾讯、阿里等行业领军企业合作，持续优化国家级职教本科产品设计专业教学标准（广轻艺术设计学院为第一主持单位）。在此基础上，我们与企业共同制订或修订了一批行业认可且国内领先的专业课程标准。

为了精准对接数字创意设计产业的岗位能力需求，我们在专业课程中融入了大数据应用、人工智能、3D打印等先进技术元素。同时，我们按照德技双修和能力复合的要求，将课程与思政教育特色相结合，形成了具有区域产业特色的专业教学和课程标准。

第二节　国家级、省级教学资源建设

我们通过校政行企的协同，建立了国家级教学资源，包括国家职业教育广告艺术设计专业教学资源库、国家精品课程、精品资源共享课程“产品设计”、精品在线课程“产品项目设计”等，以及十多本“十三五”“十四五”职业教育国家级规划教材。同时，在广东省范围内也建立了“产品艺术设计”专业教学资源库。其次，我们以商业项目引领的方式，将商业理念和技能融入课程中，并每年更新10%的内容。这解决了高职艺术设计类专业课程中商业要素不足和缺乏市场化商品设计技能训练的问题。我们使课程与产业发展保持同步，与真实商业设计紧密联系。

我们的专业教学资源库集聚了全国职业教育艺术设计类专业、设计行业和企业的优质资源，以培养学生的商品设计能力为导向，通过将真实商业项目重新构建为颗粒化资源，并实时在线动态更新，我们及时融入产业新技术、新材料、新工艺和新兴商业模式。同时，我们结合线下真实设计项目的商业转化技能实训，打造了覆盖全产业链作业要素、突出商业特色的数字化、立体化的“线上线下”混合式教学资源。

为此，我们构建了教学资源的共建共享机制、建设交叉融合的教学资源库体系、线上线下混合式教学模式架构设计、一体化设计混合式教学课程资源建设内容。通过这些措施，我们更好地满足学生的学习需求，提高教学资源的质量和使用效果。

一、构建教学资源共建共享机制

为了实现“使用便捷、应用有效、共建共享”的目标，产品艺术设计专业群致力于构建教学资源共建共享机制。我们紧跟移动化、碎片化学习模式的趋势，加强基于移动端的资源开发和建设。专业群对课程知识结构进行一体化设计，充分利用网络信息技术，融入互联网思维，建立高效的教学团队，明确教学目标，并形成资源建设和更新的长效机制。

具体而言，我们坚持产教融合、育训并举、项目导向的原则，创建了集成智慧职教、职教云课堂和自媒体的公共资源平台，以实现校内教学资源的管理、建设和应用。我们制订并实施了一系列规范性文件，包括《广东轻工职业技术学院职业教育专业教学资源库建设标准（试行）》《广东轻工职业技术学院职业教育专业教学资源库项目应用效果评价指标（试行）》《课堂教学管理办法（试行）》

《微课及其他教学资源包管理办法》《广告设计与制作专业教学资源库建设项目专项资金管理实施细则》《广告设计与制作专业教学资源库微课视频拍摄制作技术标准》《广东轻工职业技术学院、重庆工业职业技术学院、福州职业技术学院关于广告设计与制作专业资源库学分互认管理规定（试行）》等。这些文件规范了产品艺术设计专业群教学资源的科学建设和安全管理，提高了教学资源的建设和应用效果。（图3–15、图3–16）

二、建设交叉融合的教学资源库体系

联合国内外高水平高职学校、行业协会、龙头企业，以“模块化课程、颗粒化资源、国际化应用”为理念，我们将以已建成的职业教育广告艺术设计专业国家级教学资源库、产品艺术设计专业省级教学资源库以及目前正在建设中的校级大数据技术专业教学资源库为基础，开发融合“新设计+新技术”的教学资源库，实现优质教学资源的整合和共享。该资源库以产业链为逻辑起点，建构全链式课程体系，为终身型数字教育提供支撑。我们将依托工学商一体化项目制教学，确保资源库循环式迭代更新，形成正反馈循环螺旋

图3–15　国家职业教育广告设计与制作专业教学资源库立项建设启动大会合影

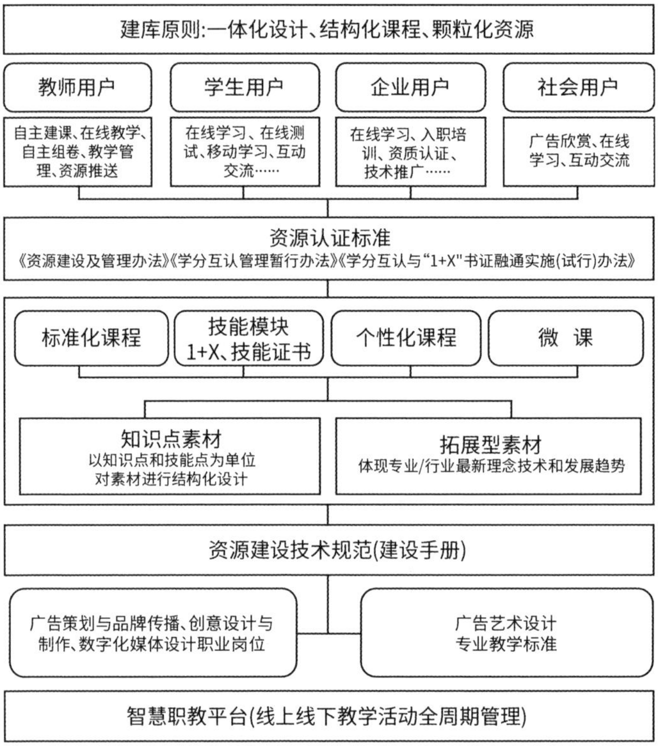

图3-16　国家职业教育广告设计与制作专业教学资源库建设逻辑

式进步，从而保证资源库的持续活力。这样的建设不仅可以支持我们学校产品设计专业的人才培养，还可以推进教育公平发展，满足教师、专业学生（在校生、毕业生）、行业企业从业人员（设计工程师、用户体验设计师、交互设计师）以及社会职前培训（农民工、退伍军人）四类学习者的多样化和个性化需求，为建设全民终身学习的学习型社会和学习型大国贡献力量。

三、线上线下混合式教学模式架构设计

依托专业群教学资源平台，我们致力于在高水平专业群教育教学改革的基础上，开展跨专业、跨领域、跨院系的教学团队建设。我们以产教融合为核心，推动建设既相对独立又紧密协作的沟通对

话机制，将资源建设、专业教学、学生实习实训、招生就业、创新创业等方面有机融合，以专业点为中心实施教育教学改革。

我们以工学商一体化项目制课程教改为基础，将最新的教改成果纳入资源库建设中。以人才培养、教学改革和产业发展需求为导向，明确行业人才需求和岗位能力要求，通过结构化课程建设，为专业人才培养提供一体化解决方案。我们充分发挥线上和线下两种教学手段的优势，使它们相互补充，提高教学效果。在项目制课程中引入企业真实的工作情境、文化氛围和管理模式，课程能够产生实际产品，产生经济效益，通过“做中学”和“学中做”的方式，提升课程任务的真实性和社会服务的效益性。（图3-17）

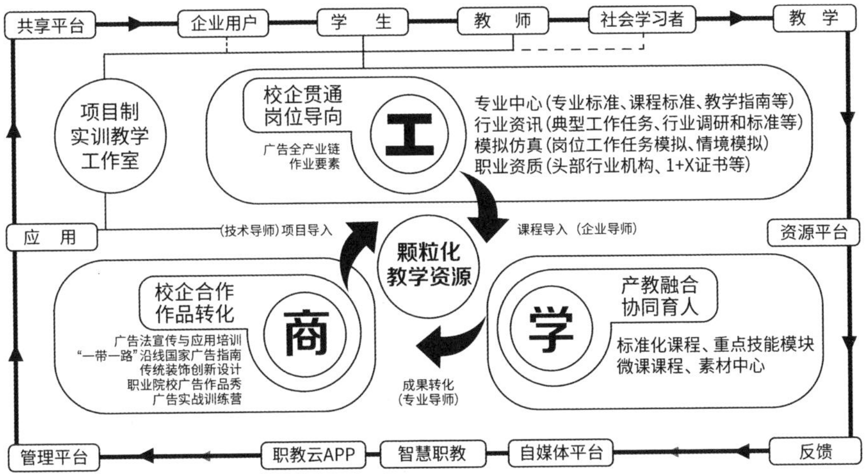

图3-17 “产教互促、迭代优化”的工学商一体化项目制专业教学资源体系

四、一体化设计混合式教学课程资源建设内容

专业群组织广东省广告集团股份有限公司、广东省广告协会等领军企业和行业协会参与专业群教学资源库的开发，将最新技术资源转化为教学资源。同时，融入数字创意建模、数字媒体交互设计

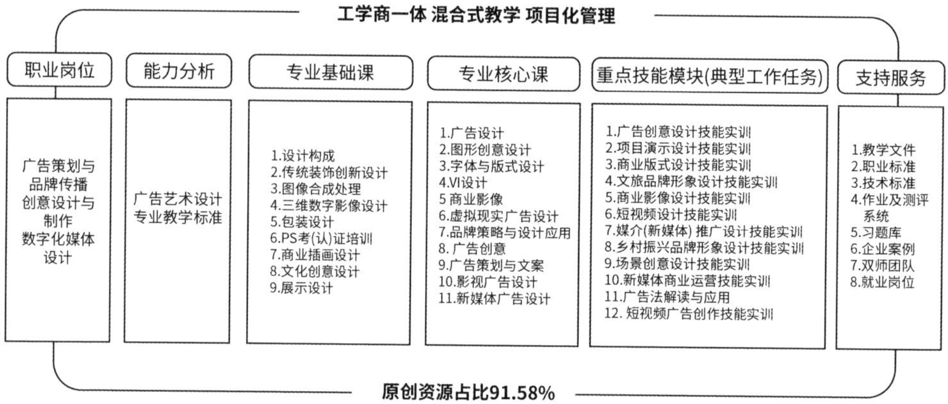

图3-18 国家职业教育广告设计与制作专业教学资源库建设内容框架

等多个行业领军企业指导的1+X职业等级技能标准，增强教学资源建设对行业企业发展的适应性。我们深度融合教学资源与信息技术手段，汇聚了一些国内外具有代表性的专业教学精品资源，建立了教与学、线上与线下、学校与企业、专职与兼职教师等有机结合的一体化资源系统。（图3–18）

在课程内容上，我们强调资源的视觉化，以直观、形象化的方式展示一些较难理解或具有较强艺术内涵的知识点，激发学习者的兴趣。我们利用现代信息技术制作微课视频、虚拟仿真、动画等可视化资源。同时，我们构建艺术设计类专业相关的成果，通常融合了设计创意、材料、工艺、人文等多个方面，通过典型案例更好地将这些知识串联起来，方便学习者的理解。

举例来说，广告艺术设计专业教学资源库目前拥有30门课程和12门典型工作任务（技能模块）培训课程，到2023年10月，素材总量已近2万个，用户总数为18万余人，其中学生用户近17万人，教师、企业和社会学习者共计1.2万余人，活跃用户达到95.4%。使用单位数近千个，总日志数量高达近7000万条，并且这个数字正在持续更新。（图3–19至图3–23）

产品艺术设计专业教学资源库目前拥有28门课程，素材总量达

图3-19　国家职业教育广告设计与制作专业教学资源库使用界面

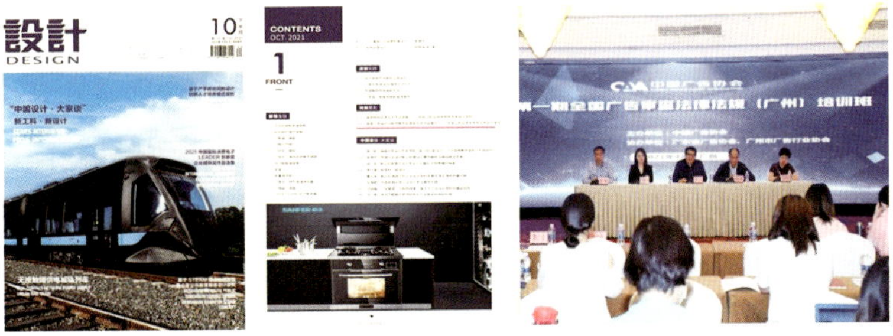

图3-20　媒体报道与校企协作共推

图3-21　国家职业教育广告设计与制作专业教学资源库顺利验收

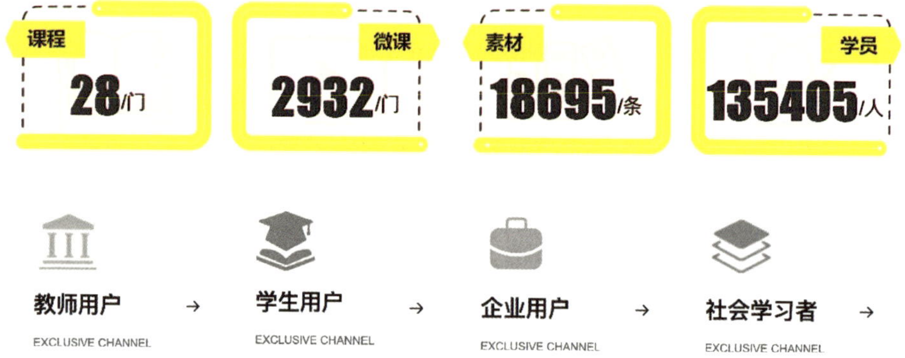

图3-22　广告资源库2022年9月数据

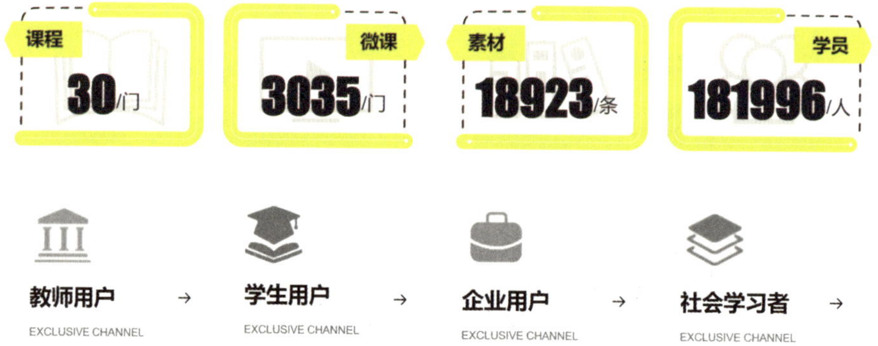

图3-23　广告资源库2023年10月数据

到1.3万个，用户总数为2.3万余人，活跃用户达到97.04%。使用单位数达到700余个，总日志数量高达328万条。资源库易于检索、使用效率高，退役军人、下岗职工、企业用户以及其他社会学习者活动日志数量649万余条，影响力广泛，被纳入教育部职业教育智慧教育平台，被《中国报道》《光明日报》等多家主流媒体报道。（图3-24）

图3-24　产品艺术设计专业教学资源库

第三节　教材与授课模式的数字化创新

为了促进教学质量的提升，学院在教材与教法方面进行了以下改革。

一、建设立体化精品教材，实现“创意设计+数字技术”理念

学院致力于开发立体化精品教材，以“创意设计+数字技术”为理念，强调结合创新设计思维和前沿技术，推动教学内容和形式的革新。通过国、省、校三级资源库平台的协作，学院建设了线上线下立体化动态教材，教学资源和内容供给与社会和产业的需求相对接，为学习者提供丰富的数字资源。专业群积极与国内优质出版机构合作，编写校级规划教材，并申报国家级和省部级等规划教材。学院的教材建设致力于培养学生的创新能力和实践能力，为学生提供系统、全面的知识体系，并兼顾行业前沿发展趋势，促进学生全面发展，提高其就业竞争力。目前学院出版了8本“十三五”职业教育国家规划教材、8本“十四五”职业教育国家规划教材、1本中国轻工业“十三五”规划教材、5本中国轻工业“十四五”规划教材，形成多层次、系统化的优质共享专业教学资源。（表3–1）代表作品有《产品项目设计》《产品设计》《插画设计》《首饰雕蜡技法》等。（图3–25、图3–26）

表3–1　职业教育国家规划教材目录

类型	数量	书名	作者	出版社
“十三五”职业教育国家规划教材	8	《插画设计（第二版）》	孙海婴、王旭玮	上海交通大学出版社
“十三五”职业教育国家规划教材	8	《产品项目设计》	桂元龙、况雯雯、杨淳	安徽美术出版社
“十三五”职业教育国家规划教材	8	《软件工程与UML案例解析（第三版）》	何晓蓉	中国铁道出版社
“十三五”职业教育国家规划教材	8	《首饰雕蜡技法（第二版）》	徐禹	中国轻工业出版社

续表

类型	数量	书名	作者	出版社
“十三五”职业教育国家规划教材	8	《数字广告——新媒体广告创意、策划、执行与数字整合营销》	郑龙伟	人民邮电出版社
		《装饰图案》	张潇	华东师范大学出版社
		《光影艺术设计》	徐士福、陈加强、尹杨坚	华东师范大学出版社
		《版式设计与制作》	曾沁岚、王旭玮	华东师范大学出版社
“十四五”职业教育国家规划教材	8	《版式设计与制作》	曾沁岚、王旭玮	华东师范大学出版社
		《插画设计（第二版）》	孙海婴、王旭玮	上海交通大学出版社
		《产品项目设计（第二版）》	桂元龙、况雯雯、杨淳	安徽美术出版社
		《首饰雕蜡技法（第二版）》	徐禹	中国轻工业出版社
		《装饰图案》	张潇	华东师范大学出版社
		《VI设计（第三版）》	符远	高等教育出版社
		《传统装饰创新设计与应用》	王旭玮	高等教育出版社
		《产品设计（第二版）》	桂元龙、杨淳	中国轻工业出版社

图3-25　职业教育国家规划教材封面1

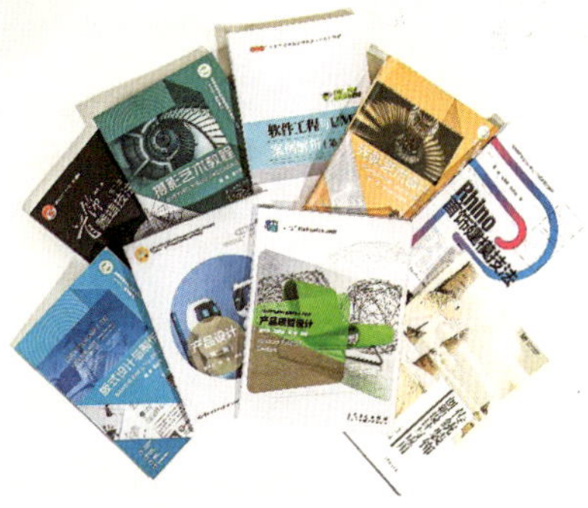

图3-26　职业教育国家规划教材封面2

二、推行精准设计“创意优+”教学方法

学院推行精准设计“创意优+”教学方法，这一教学方法以学生为中心，注重因材施教，充分考虑每位学生的学习特点和潜力，以满足其个性化学习需求和发展目标。通过采用新兴技术和线上线

下混合的教学模式，学院积极运用多样化的教学手段，提供灵活多样的学习途径，以满足学生在知识获取和技能培养方面的差异化需求。

学院借助MOOC、SPOC等课程形式，并采用翻转课堂等教学方法，灵活安排教学进度、目标和方法，通过激发学生的学习兴趣和主动性，培养学生的探究精神和创新思维能力，推动学生全面发展和学科能力提升。（图3–27）

图3-27　MOOC资源库运用

同时，学院邀请业界专家进入课堂开设互联网生态化课程，建立校企合作课程，强调教学与产业实践的深度融合。通过校企合作，学院能更好地了解产业发展的最新趋势和技术需求，使教学内容紧跟时代发展，提高学生的就业竞争力。在教学和管理过程中，使用“职教云”平台记录学生的学习成果和教师的教学情况，为深度定量和定性分析提供基础数据。通过数据分析和评估，学院可以更好地了解学生的学习情况和教师的教学效果，及时调整教学策略，提高教学质量和效果。

三、实施“虚拟工坊”数字化交互教学手段

学院充分利用现代信息通信技术改变设计创意教学手段，实现了从平面到立体、从静态到动态、从实地教学到远程教学的转变。学院建立了跨地域远程指导体系，通过“虚拟工坊”项目建设，实现了专业群内课程教学线上线下与大师、企业导师的互动。

这拓展了学生的学习渠道，使学习不再受地域限制，提高了学生的学习动力和专业认知。同时，学院利用数字化交互手段，使学生能够更加直观地感受设计创意的立体性和动态性，增强学习效果。

四、创建数字技术学习成果证书管理平台，并形成运行机制

学院与学校教务部门合作，成立了现代信息技术与新工科教学协同中心，负责创建数字技术学习成果证书的电子化管理平台，名为“E数证”。该平台整合了日常教学、考核实施和证书发放等功能，形成了教学管理机制。专业群内的各专业（如软件技术、大数据技术与应用、数字媒体应用技术）协同合作，开发了“新兴技术+”课程教学模块，并创建了“数字课程学习成果”证书。在校级考核的基础上，学院与数字技术能力考证培训团队和企业专家共同开发了证书标准考核的平台和题库，对专业群内及校内其他专业的学生进行数字成果证书认证工作。

同时，新工科教学协同中心与专业群内外的其他专业（如物流管理类专业、汽车技术类专业、机电技术类专业等）进行专业整合，组成特色专业群，实现课程和资源的共享，同时利用新一代信息技术进一步推动专业群内的数字化教育教学创新，达到专业群内外专业优势互补、融合共生和高度共享的目标。

五、重构课程体系，实施1+X“课证融通”

为了适应行业需求和提高学生的综合能力，学院积极参与1+X证书标准的研发工作，并与中国广告协会、凤凰卫视、阿里云计算有限公司、网龙网络集团、新大陆公司等行业领先企业合作，起草了多项证书标准，如《广告审查职业技能等级标准》《VR/AR/MR技术导论》《物联网技术导论》《云计算技术基础》《大数据技术基础》等。为了实现课程与证书知识点的互相融通，学院修订了人才培养方案，将1+X证书的技能知识点融入项目课程教学中。专业群内的学生在教学过程中完成相应证书的考点学习，并进行考证工作。

同时，学院编写了《数字创意建模》1+X证书培训教材，并将其纳入课程教学中。自2020年至今，已有252名学生完成了一系列1+X证书考证工作，包括“产品创意设计”“数字创意建模”“网络直播运营”等证书。

这一重构课程体系的举措有助于学生获得与行业需求相匹配的专业知识和技能，并通过获得相关证书来增强其就业竞争力和职业发展潜力。同时，与行业企业的合作为学生提供了实际案例和实践机会，促进了理论与实际的结合。（图3-28至图3-30）

图3-28　全国首期1+X界面设计职业技能等级证书线下师资培训班

图3-29　1+X数字创意建模职业技能等级证书首期线下师资培训班

图3-30　1+X数字创意建模全国首期线下师资培训之桂元龙院长专题讲座

第四节　打造国家精品课程

多年来，学院努力推进教育质量提升。在这个过程中，共有五门课程获得了国家精品课程的荣誉。其中，2010年度国家精品课程“产品设计”和第三批国家级精品资源共享课“产品设计”堪称亮点，我们还将“产品项目设计”课程打造成了国家级在线精品课程，为学生提供更便捷的学习资源。

为实现国家精品课程的目标，我们构建了基于“创意设计+数字技术”的课程体系。其中，“创意设计”课程包括数字创意思维、设计方法等内容，而“数字技术”课程则包括大数据与人工智能导论、智能产品设计与开发等内容。

经过多年的打造和持续更新，“产品项目设计”课程采用了项目制课程和混合式教学改革的方法，建设了颗粒化资源微课和视频，并于2019年在智慧职教MOOC学院正式开课。该课程在2020年获得了“校级精品在线开放课程”立项，并于2021年成为广东省产品艺术设计专业教学资源库的子课程。此外，该课程还于2022年获得了“广东省高等职业教育精品在线开放课程”立项，并成为职业教育国家在线精品课程。（图3-31）

图3-31 “产品项目设计”课程教师

为了提供优质的教学内容和资源，培养学生的创新能力和实践技能，为他们的职业发展打下坚实的基础，我们采取以下具体措施。

一、基于工学商一体化模式，进行项目制教学组织

我们引入真实项目，如科大讯飞、东方麦田等企业的项目，并通过“三导师”（设计导师、技术导师和商业导师）协作，在项目导入、市场调研、方案形成、成果发布和多元评价等关键节点进行协同合作。理论教学根据项目任务选择相应的课程模块，利用微课进行设计理论与实操知识的在线学习。项目实践按照商业规范要求和真实项目实施步骤选取教学内容、组建项目小组，完成概念提炼、创意展开、方案形成和成果发布等任务，课程思政要素有机融入项目任务，促进学生实践经验的积累。（图3–32）

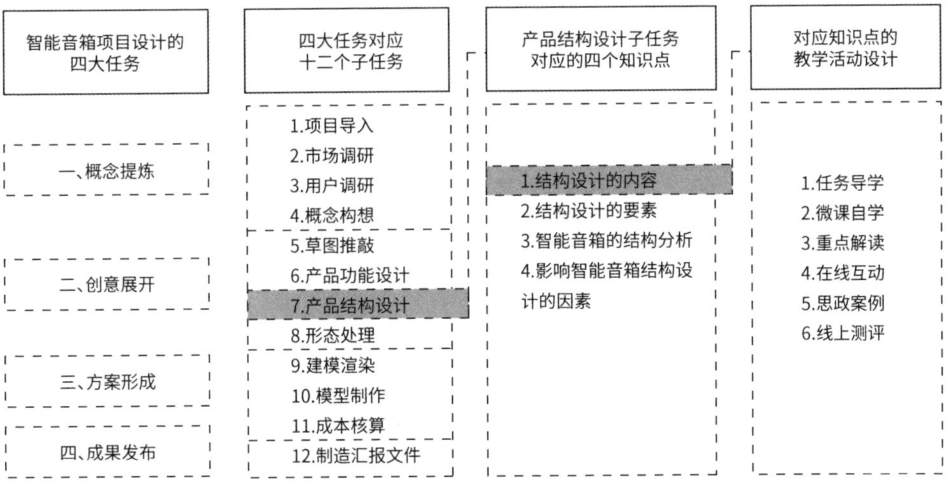

图3–32 “产品项目设计”线上教学活动设计思路示意图（以智能音箱项目设计为例）

二、通过MOOC平台，组织实施线上线下混合式教学

教学过程中，课程思政贯穿始终，以满足学生个体需求和长远发展为目标。第一，线上理论思考：教师制订教学计划，发布学习任务，学生通过微课完成知识自学，在讨论区和答疑版中提问探讨，并完成线上测评，促进师生和学生间深度交流互动。第二，线

下应用实践：学生接受真实项目任务，将线上习得的理论知识与实际应用相融合，达到知行合一的教学目的。教师根据学生学习过程中的困难点及时调整教学策略，增强教学针对性和有效性。学生展示成果后，由“三导师”教学创新团队对学生进行考核评价，帮助学生提升职业素养。第三，线上延伸与拓展：通过课后练习、拓展阅读等形式加深学生对产品设计原理、技术和方法的理解。（图3–33）

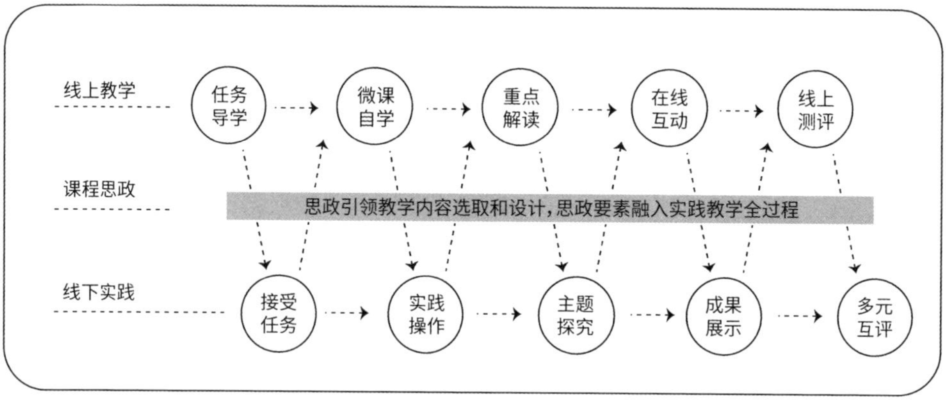

图3–33 “产品项目设计”课程线上线下混合式教学活动设计示意图

三、采用多元评价方式，建构创新型评价机制

我们采用多元评价方式，以满足学生个体需求和长远发展为目标。综合评估包括线上测评（占20%）、线下成果评价（占70%）和平时成绩（占10%），通过平台数据进行评估和回溯。此外，我们还组织线下综合评教，包括学生评价（占60%）、督导评价（占25%）和同行评价（占15%），促进教师的教学反思。通过这种创新型评价机制，我们能够推进课程的升级迭代，促进教学双方的增值。此外，我们的课程评教分数也反映了学生和家长的满意度，其中2021年和2022年的课程评教分数分别为95.2分和96.2分，2021届毕业生的家长满意度达到了98.66%。同时，我们的课程也支撑本专业近三年平均就业率达到98%。（图3–34）

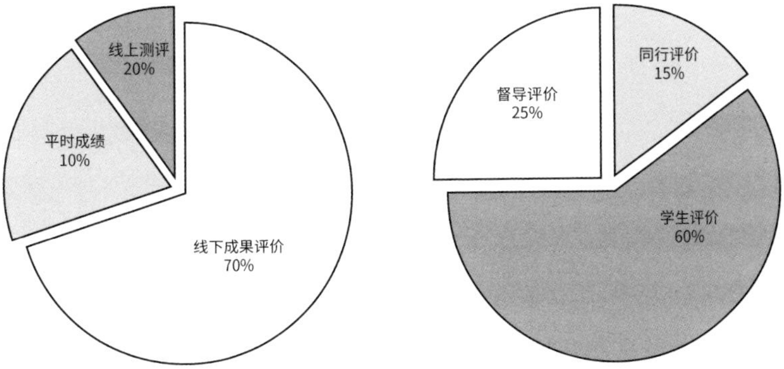

图3-34　多元评价方式示意图

四、课程内容持续更新

我们将基于工学商一体化项目制课程的混合式教学转化为新的线上教学资源，通过智慧课室实现线下授课过程的转化。根据学生反馈和教学效果评测，每年更新超过20%的教学资源，确保课程内容持续丰富和完善。依托学院主持的广东省职业教育产品艺术设计专业教学资源库，包括327门专业微课，为学习者提供丰富的拓展教学案例和内容。同时，通过智慧职教（职教云）平台，充分利用国家智慧教育平台的教育资源，实现资源的拓展。

通过以上措施，我们致力于为学生提供优质的产品项目设计教学资源和交流平台，推动课程的持续改进和更新，让学生能够获得丰富的实践经验，并为他们的职业发展打下坚实的基础。我们的课程已经广泛应用于许多高校和社会学习者中，包括山东商业职业技术学院、浙江工商职业技术学院、苏州工艺美术职业技术学院和广东东方麦田工业设计股份有限公司等200多个单位。

第四章
师资结构——艺术设计学院核心竞争能力

所谓大学非大楼之谓，而是大师之谓。要想办好艺术设计教育，首先就是要培养出来一批规范、合格的职业技术教育的教师队伍。在当今这样一个专业高度细分的时代，艺术设计教育的教师，必须是“双师型”，既是教师又是设计师。广轻艺术设计学院的教师大多数都达到了双师型的要求。

要想更了解数字经济前沿动态并将数字经济的重大进展带进课堂，那就需要让学院变为一个有界无边的现代组织，要让代表数字产业的头部企业精英迈入课堂，并与他们组成复合式的师资队伍结构。只有这样的师资结构，才能真正地让学生成为复合型、能够适应数字经济快速发展需求的人才。

我们的人才培养模式就是工学商一体化的模式，其中最为灵动也是最具区域代表性的就是商业。要让真正的商人来讲演地道的商道，而不是我们教师对商业的想象。

真实的产业需求，只有真正的产业人士才有可能准确地描述。这比来自文献与报道要可靠得多。现代的学生不仅要吃鸡蛋，而且还要看到下蛋的鸡。“95后”到“00后”的一代，是既有个性但又具有英雄崇拜情结的一代。让他们与产业前沿的精英们零距离接触，对他们有不可估量的影响力。

就这样，广轻艺术设计学院的师资队伍结构，是一个接地气的结构，是一个需要科学家就有科学家、需要商人就有商人的混编结构。

从人的角度来营造一种生态，接近产业、接近商业、接近成功、接近未来，就是艺术设计学院师资队伍所具备的核心竞争能力。

第一节　跨界混编“三导师·四功能”教学创新团队

随着大数据、云计算、物联网、人工智能和虚拟现实等信息技术的不断创新，传统设计产业正在适应数字化、网络化和智能化时代的转变，升级为国家战略性新兴产业——数字创意产业。数字创意产业是现代信息技术与文化创意产业逐渐融合而产生的一种新经济形态，催生出越来越多拥有艺术设计和技术能力的复合型人才。世界一流的设计院校，如新加坡科技设计大学、英国皇家艺术学院与帝国理工学院创新设计工程专业等，都在探索创意设计与最新科技相融合的专业教学改革，培养适应数字技术时代的复合型创新型人才。

然而，基于传统设计产业的中国高职院校艺术设计类专业的人才培养目标无法满足数字创意产业人才升级的需求。同时，由于企业参与动力不足，高职院校的师资结构相对单一，主要由艺术设计专业的教师构成，缺乏跨专业和深度产教融合的协同教学模式，无法满足培养复合型数字创意产业人才的要求。

为了满足数字创意产业对复合型人才的需求，广轻艺术设计学院建立了一支跨界混编的“三师型”师资队伍，包括设计类导师、技术类导师和商业类导师。该团队由来自阿里、腾讯、科大讯飞等知名企业的技术总监、产品经理等领军人才和一线精英组成，致力于实现“思政引领，标准先行，产业真实项目导入”的模块化教学，培养具备“精设计、懂科技、通商道、厚人文”四个能力的复合型技术技能人才。团队采用创新的“设计专业教师+技术专业教师+营销专业导师”跨界混编方式，实现了“创意发想→技术实现→市场对接”的产业链打通。

为了培养适应轻工业智能化和泛在互联背景下产业发展趋势的人才，我们致力于培养能够胜任数字创意产业链中产品设计、广告设计和信息技术岗位的复合型创新型技术技能人才。我们将融入新兴信息技术，通过设计、技术、商道和人文的深度融合，拓展创意设计类学生的大数据分析能力、新兴技术应用和开发能力、商业策略能力以及文化内涵，使他们具备“精设计、懂科技、通商道、厚人文”的“四能”能力，以适应技术变革带来的创意设计新业态和新岗位，同时促进传统专业的迭代升级。（图4-1）

图4-1 “三师”教师创新团队教学场景

为了有效培养这样的“四能”人才，我们建设了“设计导师+技术导师+商业导师”的“三师”教学创新团队。艺术设计教师担任各专业的设计导师角色，负责设计创意的构思、草图和最终方案的指导和审定。技术专业导师负责计算机网络技术、信息技术、材料工程技术和结构工艺等方面的教学，他们指导项目中的大数据研究、数字化设计与生产、新材料和新工艺等技术方案。商业导师则是企业方的项目负责人或市场营销人员，根据企业项目的商业目标，为学生提供市场营销和商业策略等方面的教学指导。

借助这种协同教学模式，我们致力于培养全面发展的创新型人才，将设计、技术、商业智慧和人文素养等要素有机融合。学院教师获得了全国职业院校技能大赛教学能力比赛一等奖（获奖教师：叶军、王旭玮、张锡莹、王乾）以及广东省职业院校技能大赛教学能力比赛一等奖（获奖教师：罗名君、伏波、易显钦、张韶琲）。我们为学生提供多层面的培养和实践机会，以确保他们适应数字创意产业的发展需求。我们旨在培养他们成为能够迎接技术变革、引领创意设计新业态和新岗位的领军人才，同时推动传统专业的不断迭代和升级。（图4-2、图4-3）

图4-2　全国职业院校技能大赛教学能力比赛一等奖获奖教师

图4-3 广东省职业院校技能大赛教学能力比赛一等奖颁奖现场

第二节 建立校企导师互动互通培育机制

为了建立校企导师互动互通培育机制，广轻艺术设计学院依托“国际数字创意谷”技术技能平台，引进了来自业界知名企业的一线精英，与校内导师共同组成高水平的“三师”教学创新团队。通过将企业界的实践经验和前沿技术引入教学团队，学院能够更好地培养学生的实际操作能力和职业素养，以应对快速发展的创意设计产业的挑战。

学院积极参与国家生产性实训基地艺术设计专业公共实训中心的建设，以大数据、人工智能等新兴技术对创意设计产业的推动为纽带，与行业龙头企业合作共建产业学院，例如与腾讯云合作建设“广轻腾讯云数字创意产业学院”和与广东省广告集团合作建设“湾区广告产业学院”，以构建数字创意设计育人创新中心。通过引入企业的设计、技术和运营精英，建立“三师”团队企业导师数据库，并建立专业导师与企业导师互评互通的培育机制。通过企业导师的参与，教学团队能够更好地了解实际产业的需求和动态，实现教学与实践的有机融合，提高教学的针对性和实效性。

此外，我们依托粤港澳数字创意职业教育产教联盟，与广东省轻工业联合会、国家级产业园区展开深度合作，共同建设智能产品研发中心，包括“广轻·SSWW浪鲸卫浴工程研发中心”“广东省博物馆文创产品研发基地”等，制订《广东轻工职业技术学院艺术设计学院“三师”教学创新团队管理条例》，对教学创新团队负责人和参与人在准入、管理、考核、续聘和退出等方面建立相应的机制。这些措施旨在建立多元的考核与激励机制，明确教学创新团队的职责、权益和责任，使学院能够更好地激励教师的积极性和创造性，加大产品创新核心技术从实验室、工作室走向市场的转化比例，打通研发成果向产业转化的“最后一公里”。

第三节　构建“三师”融合协作教学运行机制

为了实现教学创新团队协作的模块化教学模式，广轻艺术设计学院构建了“三师”融合协作教学运行机制。

首先，学院以广东省党建工作标杆院系、全国党建工作样本支部和广东省“双带头人”支部书记工作室为引领，全面导入思政教育。以中国工艺美术大师传承创新基地、广东省高校中华优秀传统文化传承基地和广东省中华优秀传统文化传承基地的“漆艺”为平台，将传统文化作为专业课程思政的切入点，实现“专业+思政”的全面融合，能够将传统文化的优秀价值观融入专业教学中，使专业学习更具有思想性和深度，引导学生在专业学习中树立正确的价值观和文化自信。

其次，学院精准对接数字创意设计人才的能力需求，联合行业领先企业，纳入产业的新技术、新工艺和新规范等先进元素，共同制订产品艺术设计、广告设计与制作等国家职业教育专业教学标准，为“三师”教学团队协作教学提供标准和指南。教育应当紧密结合产业需求，确保学生的学习内容与实际工作能力的需求相匹配。通过与行业领先企业合作，学院能够及时了解产业发展的最新动态和技术要求，将先进元素纳入教学内容，从而使学生具备适应产业发展的实践能力。

此外，学院借助多元信息化技术和平台，推动“线上+线下”混合式教学模式的改革，拓展教师协同式教学的形式。建立国家职业教育广告设计与制作专业教学资源库和广东省职业教育产品艺术设计专业教学资源库，为“三师”教学创新团队提供共建共享的数字化教学资源，能够充分利用信息技术的优势，提高教学的效率和质量，促进教学资源的共享与合作。

最后，学院导入产业真实项目，开展工学商一体化项目制教学。教学内容来源于实际企业项目，教学过程与设计流程相一致，课程作品转化为可流通的商品。通过将真实项目、教学过程和作品转化融为一体，基于项目制课程的协作教学成为“三师”教学的核心，使学生在实际项目中学习和实践，提高学生的综合能力和解决实际问题的能力，为学生顺利就业和职业发展奠定坚实基础。

通过这些措施，广轻艺术设计学院构建了具有模块化教学模式的“三师”融合协作教学运行机制，促进了教学创新团队的协作与发展。

第五章
从实验实训室到国际数字创意谷与元宇宙联合研发中心

广轻艺术设计学院是一个提倡“用手去思考”的学院，这符合技术技能获得的规律。与普通教育类型不同的是，职业技术教育最为重要的是岗位适应与发展能力，就是应用第一性原理解决问题的能力。

这种职业能力，必须从仿真职业场景甚至是真实职业场景中才能获得。所谓仿真职业场景，就是实验室与实训室；所谓真实职业场景就是与企业合作，与企业共建的实践教学基地。

高等职业技术教育要成为技能技术产业服务平台，就在于这既符合高等职业技术教育类型的办学模式，又能让学院可以在产业前端的互动中形成第三种产业业态，成为企业的未来概念试验场所，也成为师生创意与智慧服务产业的转换器。

传统的学院教育在人们的观念中看来，是滞后于产业发展的，是等产业发展到一定阶段再来总结产业发展的规律，然后再去指导产业的实践。但是在数字经济时代，信息遵守的是摩尔定律。

摩尔定律的核心内容为：集成电路上可以容纳的晶体管数目大

约每经过18个月到24个月便会增加一倍。换言之，处理器的性能大约每两年翻一倍，同时价格下降为之前的一半。

在数字时代，产业的信息扩张与信息处理速度正在超越摩尔定律。在摩尔定律下，人们的思维方式也发生了深刻的变化。数字创意产业不断地更新着自己的存在方式，所以不可能给予我们一个稳定的机会来判断产业究竟发生了什么，在数字时代唯一不变的就是变化本身。

要在这样一个数字时代生存，只有一种方式：那就是紧跟时代的步伐，与时代同行。广轻艺术设计学院的国际数字创意谷和元宇宙联合研发中心就是数字时代的建构。

第一节 实验室与实训室建设

学院推进思政引领，标准先行工学商一体化人才培养模式的探索和改革，积极引入实际项目，通过专业课程，实施工学商一体化的人才培养模式，实施学生实训项目，打造实训教学基地，提供高水平的融合实践教学，为培养高层次的专业技术人才提供了良好的环境和条件。同时，建立学院对外服务中心，强化区域兄弟院校的实训资源共享服务，打造了区域实训公共服务中心，还面向中职院校推出第三方运营的中职学生专业技能素养培训服务，以扩大产业学院服务能力。与广东东方麦田工业设计股份有限公司和广东锐志教育科技有限公司等行业龙头企业合作，共建实训教学基地，引入先进设备和技术，开展相关实训和培训。通过联合腾讯云、阿里巴巴创新中心等行业龙头企业，共建校内和校外的实践教学基地，建设以智能制造“3D数字工匠”协同育人实训中心、艺术设计专业公共实训中心、智能技术实训基地等为核心的高水平专业化产教融合实践教学基地。这些背景条件为产业学院构建“基础技术验证、技术技能培养、科技成果转化”三级能力递进的产教融合实践教学

基地，夯实办学硬实力，支撑应用研究、高层次技术技能人才培养。（图5-1至图5-16）

设计验证	技能实训	成果转化
提升基础应用研究能力	**强化高层次技术及能力培养**	**提升高质量社会服务能力**
用户体验研究实验室 工业可视化实验室 新技术新材料应用实验室	摄影实训室 服装立裁与工艺实训室 时尚皮具实训室 首饰工艺实训室 3D打印实训室 木工实训室 陶瓷制作实训室 漆艺实训室 软装陈列实训室 ……	服饰定制研发中心 岭南文创研发中心 智能产品研发中心 混合现实应用研发中心 新媒体应用中心

图5-1　技术技能创新服务平台功能规划

图5-2　混合现实应用研发中心1

图5-3　混合现实应用研发中心2

图5-4　旗袍文化研究院1

图5-5　旗袍文化研究院2

图5-6　数字制造实训室1

图5-7　数字制造实训室2

图5-8　CMF材料馆1

图5-9　CMF材料馆2

图5-10　CMF材料馆3

图5-11　新媒体应用研发中心

图5-12　木工实训室

图5-13 智能产品研发工作室1

图5-14 智能产品研发工作室2

图5-15 3D打印实训室1

图5-16 3D打印实训室2

一、建立体验设计研究实验室，提升应用研究能力

为实现职教本科应用研究能力提升，适应新技术的发展，新建用户体验实验室、数据可视化实验室和大数据技术研发中心等基础研究实验室。

与国内知名的用户体验设计咨询公司——伊飒尔界面设计有限公司共建用户体验实验室，实验室配备眼动仪、面部捕捉系统、干电极脑电设备等研究设备，主要服务于基础应用研究和项目制课程。一方面，服务于“人因工程学概论”“消费心理学”“用户研究”等基础课程，开展针对用户体验、人机工程学、消费心理学等领域的长期基础研究，为行业标准制订、发布行业调研报告等提供科学数据和依据。另一方面，服务于“用户体验与创新设计”“智能产品设计与开发”“生态产品设计与开发”等课程，为产品设计、UI设计、数字营销等多学科提供真实的一手数据和有力支持，实现从经验主观设计转向科学设计。

与国家级工业互联网平台企业——树根互联股份有限公司共建数据可视化实验室，依托工业互联网、数据可视化等数字技术，聚焦工业领域应用场景，以工业互联网平台、数字孪生技术等为支撑，开设工业可视化设计专业拓展课“机械设计原理”“新技术应用创新设计”“信息与交互设计”等，以真实的产业应用场景为依托进行教学。

与互联网头部企业——腾讯云共建大数据技术研发中心，服务于“用户研究”“市场调研”等课程，通过大数据分析用户的消费习惯、生活形态和需求，形成准确的“用户画像”，为设计提供真实数据和客观依据。

二、建立技术技能培养实训室，强化高层次技术技能培养

为培养高层次技术技能人才，传承工匠精神，艺术设计学院建立校内校外技术技能型实践教学基地。在校内联合完美世界、广东锐志教育科技有限公司等行业龙头企业共建混合现实应用研发中心、3D数字工匠育人实训平台等，服务于“新技术应用创新设计”“信息与交互设计”“智能产品开发设计”“商业模式设计”等课程。在校外联合广东东方麦田工业设计股份有限公司、广东省博物馆等企事业单位建立校外实训基地，实现顶岗实习、横向科研、创新创业等功能。

“双高”建设期间，软件技术和大数据技术专业建设工业大数据智能应用产科教融合平台、智能+技术应用实训室，总投资600多万元，提供大数据和人工智能开发人才培养的实训环境，包括人工智能模型训练、部署的全流程科研、实训以及基于大数据基础分析算法的数据分析平台。可为计算机视觉、语音识别等场景培养人

工智能技术应用人才，为师生科研、社会服务和竞赛提供工作环境，并探索通过平台提供公共服务的可能性。

“双高”建设期间数字媒体技术专业建设扩展现实技术（VR/AR/MR）应用实训室，提供扩展现实技术开发人才培养的实训环境，包括扩展现实技术开发硬件设备认知、硬件设备搭建、配套软件的使用，扩展现实产品开发的全流程实训。可为工业虚拟仿真场景培养VR/AR/MR技术应用人才，可为数字技术教学中心提供跨院系协同教学和合作开发的工作环境，可为校企合作产教融合提供技术研究、企业合作开发产品、培训师资对外服务、1+X证书实施落地的工作环境，并探索通过平台提供公共服务的可能性。目前与VR50强深圳瑞立视多媒体科技有限公司开展深度产教融合服务，企业捐赠107万元，共同开设工坊特色班，合作承办广东省“2023年虚拟数字人开发、教学、服务能力提升国培班”。

三、建立综合实践探索实训室，培养创新意识

为促进科技成果转化落地，新建用户体验研究室实验室生态设计产品研发中心、新技术新材料应用实验室和CMF材料馆等综合实践探索实训室。对接企业家、科学家和发明人的需求，搭建科技成果转化与市场需求的桥梁，汇聚校企科研技术力量，实现工学商一体化，通过“绿色设计原理与方法”“产品CMF概论”“新材料应用创新设计”等课程，将设计作品转化为商品，连接创新链与产业链，实现设计成果高效转化。（表5-1）

表5-1　产品设计专业实验实训室建设现状与建设计划

类型	属性	基地名称	状态	合作方	主要功能
实验室（基础设计验证）	公共实验室	用户体验研究实验室	已建	树根互联股份有限公司	跨专业协同教学、用户体验研究与实验项目
		工业可视化研究实验室	新建	树根互联股份有限公司	工业可视化设计专业拓展课、交互设计实训、教师培训

续表

类型	属性	基地名称	状态	合作方	主要功能
实验室（基础设计验证）	公共实验室	大数据技术研发中心	新建	腾讯云	消费习惯、需求分析、用户画像
		CMF材料馆	升级	深圳浪尖科技有限公司等	CMF展示、CMF教学
		材料和力学实验室（与机电学院共享）	已建		跨专业协同教学、新兴技术、材料应用研究与实验项目
	专业实验室	新技术新材料应用实验室	新建	深圳浪尖科技有限公司等	跨专业协同教学、新兴技术、材料应用研究与实验项目
实训室（技术技能培养）	公共实训室	混合现实应用研发中心	升级	完美世界控股集团、幻影星空	数字化展示、实习实训场所、项目孵化及落地
		3D数字工匠育人实训平台	升级	广东锐志教育科技有限公司	实践性教学、设计作品打印、3D创意型人才的培养
		数字制造工程技术中心	升级	华之尊科技有限公司	三维虚拟仿真、贵金属3D打印、激光切割与雕刻、实践实训
		新媒体营销中心	新建	腾讯云计算（北京）有限责任公司	直播、短视频拍摄剪辑、项目落地
		“双师型”名教师工作室	已建		培养10名专业带头人
		木工实训室	已建		木制产品工艺、制作
		陶瓷实训室	已建		陶瓷产品工艺、制作
		金工实训室	已建		金属加工工艺、制作
		综合模型制作室	已建		模型手板制作
		数字化影像中心	已建		静态摄影、动态摄影、剪辑
		新媒体应用研发中心	已建	幻影星空	虚拟现实、非物质产品研发
		数字孪生实训室（与机电学院共享）	新建		开展虚拟生产线开发、自动控制工艺流程开发
		工业大数据智能应用产科教融合平台	新建	中科院计算所	人工智能模型训练、大数据分析
		智能+技术应用实训室	新建		人工智能技术创新应用
		扩展现实技术实训室	新建		扩展现实工业应用

续表

类型	属性	基地名称	状态	合作方	主要功能
实训室（技术技能培养）	专业实训室	产品创新孵化工作室	已建		产品创新、孵化、创业团队
		广东省劳模创新工作室	已建		创新创业、劳动精神
		全国技术能手工作室	已建		技能大赛、创新创业
综合平台（科技成果应用转化）		交互设计研发中心	已建		界面设计、信息可视化设计
		玩具设计研发中心	已建	深圳百分百创意设计有限公司	玩具产品、开发设计
		生态设计产品研发中心	新建	国际生态设计促进中心等	生态数字设计研究与应用开发
		智能产品研发中心	升级	科大讯飞华南有限公司	产品整合、创新开发
		数字岭南文创产品研发中心	升级	广东省博物馆	数字创意产教融合实践、设计教育资源共享、乡村文创项目开发

第二节　国际数字创意谷技术技能平台

广东轻工职业技术学院联合腾讯云、科大讯飞等头部企业和国家技术能手，共建“广轻腾讯云数字创意设计产业学院”“广轻科大讯飞智能产品研发中心”“李小燕大师工作室”等4个产业学院、12个研发中心和2个大师工作室，构建“实验、实训与转化于一体”的国际数字创意谷技术技能平台（艺术设计产科教联合中心）。该平台解决了高职艺术设计类专业实训建设与商业企业产教融合不足、设计作品商业转化平台匮乏的问题，为原理验证、技能实训和作品的商业转化提供支撑。（图5–17至图5–20）

图5-17　国际数字创意谷技术技能平台实景图1

图5-18　国际数字创意谷技术技能平台实景图2

图5-19　国际数字创意谷技术技能平台实景图3

图5-20　国际数字创意谷技术技能平台实景图4

该平台是中国特色高水平产品艺术设计专业群建设的核心内容，获评国家生产性实训基地、国家职业教育示范性虚拟仿真实训基地、轻工行业中小企业公共服务示范平台、中国工艺美术大师传承创新基地、广东省艺术设计公共实训中心、广东省数字创意产教融合实践教学示范平台，也是广东轻工职业技术学院四个产科教联合中心之一。艺术设计学院依托该平台，践行艺术设计专业“产科教联合·工学商一体化”的人才培养模式。

该平台是艺术设计学院秉承产教融合、协同育人的理念，协同国内外优质资源，开展“创意设计+数字技术”人才培养，落实“双高”规划“一加强·四打造·五提升”建设目标的具体举措。国际数字创意谷具备育人、研发、智库三大功能，由育人创新基地、产品研发基地、数字创意智库组成。数字创意智库开展技术咨询，育人创新基地开展技术协同开发和创新人才培养，产品研发基地开展产品研发和成果转化。从榜样传承与价值成就、人才输出与市场检验、成果共享与技术引领等三个方面，相互支持和促进，合力打造国内一流、国际有影响力的技术技能平台。（图5-21）

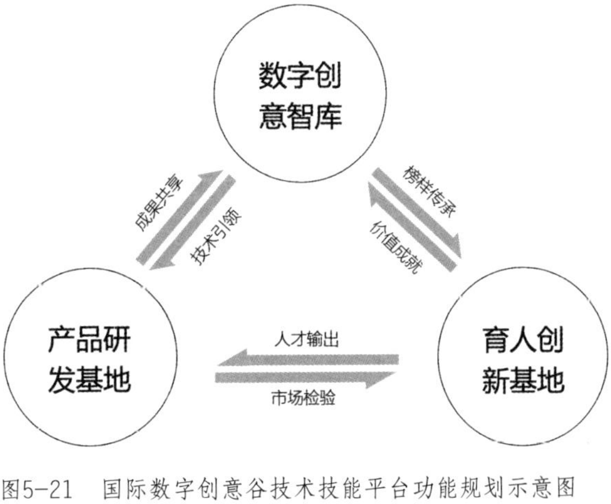

图5-21　国际数字创意谷技术技能平台功能规划示意图

国际数字创意谷在空间场地上分为A、B、C、D四个功能区域，A区以智能产品研发和生产性实训为主，B区以工学商一体化项目教学为主，C区以非遗传承与创新为主，D区以社区“双创”和国际办学为主。（图5–22）

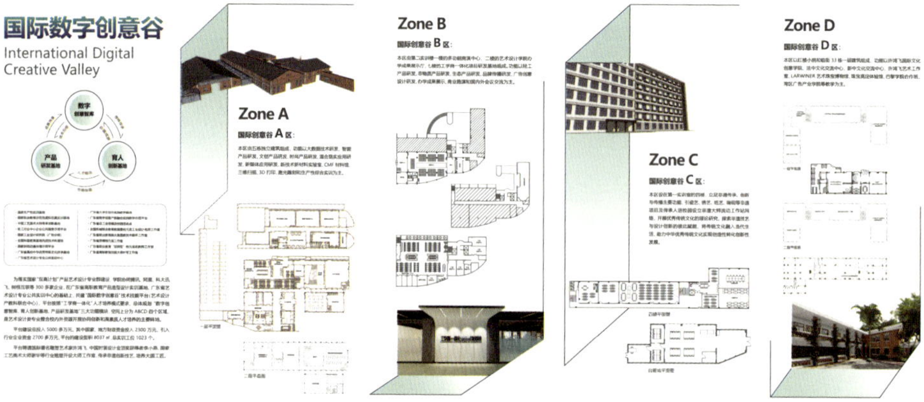

图5–22　国际数字创意谷功能平面示意图

国际数字创意谷以“国家生产性实训基地”和“广东省艺术设计专业公共实训中心”为基础，精准对接国家战略性新兴产业和广东省“双十”产业集群中的数字创意产业。依照资源互补多元协同原则，厘清拥有和使用关系，力求资源为我所用，在学校原有管理框架内，开创“资源互补、用有协同、价值共创、利益共享”的可持续发展运行机制，吸引优质企业深度参与。本平台采取国家、地方财政资金和企业投资相结合的方式共同建设，总投入资金超5000万元，其中科大讯飞、锐志教育科技、梅梅珠宝等行业企业多方共投入2700多万元，建成集专业教学、社会培训和技术服务为一体的技术技能创新服务示范平台。（图5–23至图5–29）

面向产业需求，校政行企打造价值创造共同体国际数字创意谷技术技能平台，打通院校教育、社会生产与商业流通资源之间的壁

图5-23　数字创意谷A区——多功能报告厅1

图5-24　数字创意谷A区——多功能报告厅2

图5-25　数字创意谷B区　　多功能商演中心

图5-26　数字创意谷B区——工学商一体化项目研发基地1

图5-27　数字创意谷B区——工学商一体化项目研发基地2

图5-28　数字创意谷B区——设计学院成果展示厅1

图5-29　数字创意谷B区——设计学院成果展示厅2

垒，借力社会资源弥补院校生产制造能力缺失、商业转化能力不足的短板，形成基于全产业链的价值创造能力，为设计作品向商品转化提供平台路径，实现人才培养和社会服务的双向增值，为高职艺术设计类专业的实践实训平台建设提供了示范和借鉴，获评国家生产性实训基地、国家职业教育示范性虚拟仿真实训基地、轻工行业中小企业公共服务示范平台和中国工艺美术大师传承创新基地等。

一、对接国际平台，打造国际数字创意智库

与国际生态设计促进中心、中国工业设计协会科技分会、法国巴黎学院等紧密合作，汇集国内外大师、行业领军人物等顶尖人才，打造国际数字创意智库。开展数字创意设计方面的国际论坛、技术研讨会，提供产业发展规划、工艺开发、大师培育、技术推广等咨询服务。

二、按照“1+3+5+1+N”建设思路，重构多层次专业化社会服务体系

该平台以“新设计+新技术”跨界融合为特色，按照“1+3+5+1+N”建设思路，打造数字创意产业校企合作命运共同体，建成多层次专业化社会服务体系。“1+3+5+1+N”，即：一个目标，成为国家级高水平专业化数字创意产教融合实践教学示范平台；三个原则，前瞻性规划、跨界融合性、育人与社会服务双驱；五个专业，以产品艺术设计、广告设计与制作这两个优势专业为核心，融合数字技术协同中心的数字媒体应用技术、软件技术、大数据技术与应用这三个专业；一个闭环，围绕“产品开发设计及生产流程→数字营销→广告传播及商品销售流程→大数据开发”数字创意产业链闭环建设平台；多个载体，平台由若干个中心组成，具有不同的定位与功能。（图5–30）

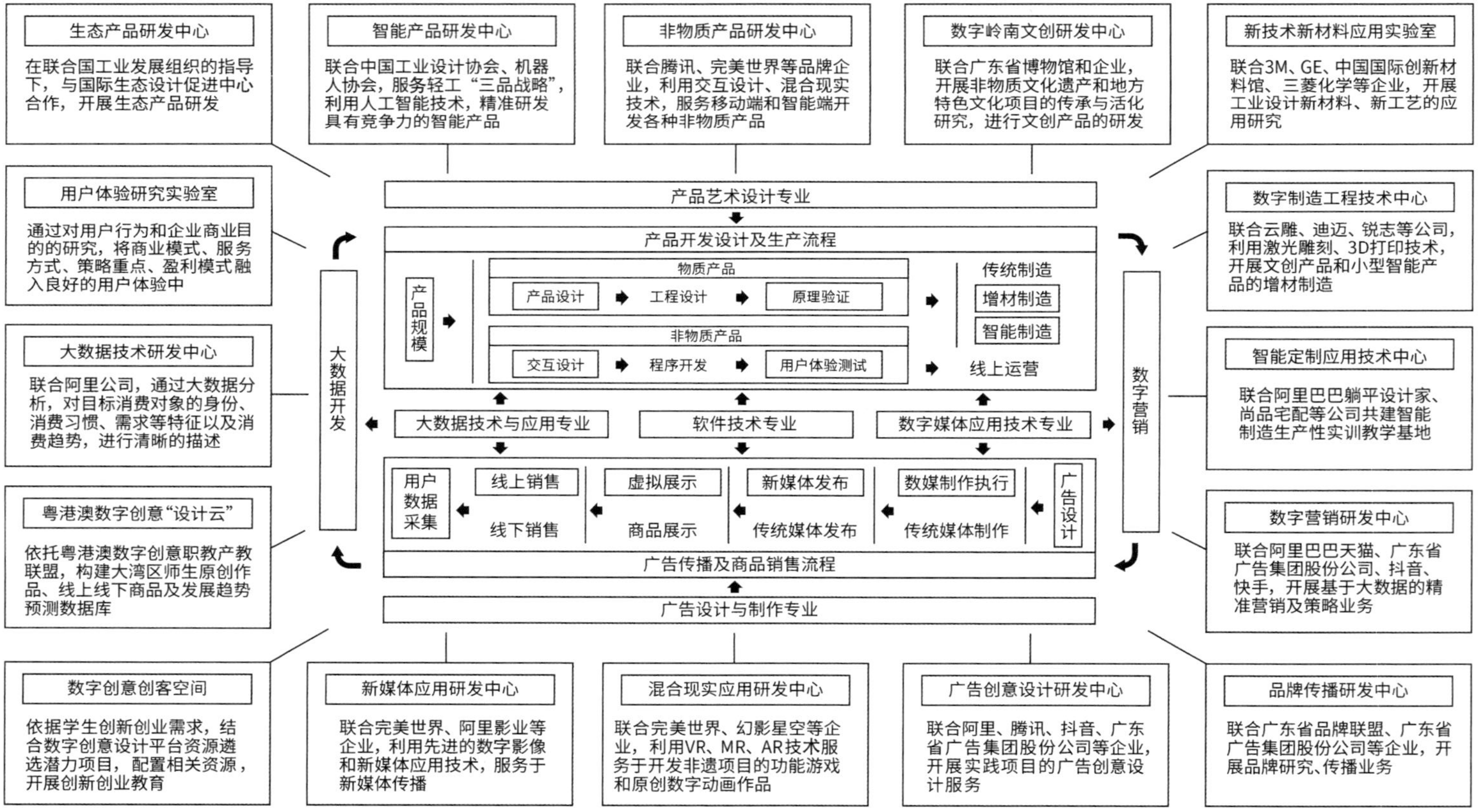

图5-30 国际数字创意谷建设规划示意图

三、完善制度建设，建立促进平台健康发展的长效机制

第一，健全平台管理体制，明确管理主体责任。出台数字创意产教融合创新平台的分级分类管理办法，修订横向项目、专利管理、成果转化等管理办法。广轻艺术设计学院成立国际数字创意谷建设领导小组，设置组长、副组长，相关部门的各个主任为本项目主要成员，设置国际数字创意谷管理架构团队。

第二，构建产教深度融合协同体系与运行机制。构建信息技术支撑的产教深度融合协同体系，建立线上线下融合的成果转化运行机制。

第三，制订《工学商一体化项目制课程项目引进和成果转化管理办法（试行）》等项目保障制度。

国际数字创意谷产教融合实训基地与无限3D公司、广州市洛卡蒂诺服饰科技有限公司、广州市凝瑞旗袍文化服饰有限公司、汕头市智汇玩具有限公司、广东省博物馆、西汉南越王博物馆等10多家单位签订校企合作协议，建立稳定的合作关系。同时，利用虚拟仿真、3D打印、激光切割与雕刻设备，以横向课题合作的方式，与各企业共同研发与制造包括文创、玩具、服装、皮具、首饰等创意产品。通过积极引入企业，按企业标准构建企业真实生产环境，按设计公司工作流程和岗位需求标准，最终实现"企业对接专业、生产对接教学、岗位对接课程"的产教融合教学改革。近三个学年开展学生实训项目41项，每个学年承担学生实训接近3000人。

所开展的合作实训项目中极具特色的案例是，携手行业龙头广东省博物馆、佛山新合民间工艺研究有限公司等合作打造"数字岭南文创研发中心"。该研发中心旨在以数字技术赋能传统文化，以创新传承助推传统文化现代产业化发展，让文化融入生活，满足高品质需求。围绕文化传承与设计创新，运行"文创+"工作模式，包括文创+科技、文创+乡村振兴、文创+非遗传承、文创+思政，

研发中心开展了多项横向合作课题，取得了丰硕的成果。自2017年以来，共设计岭南文化衍生品240余件，签署横向合作协议5项，其中30多件被购买版权并落地生产，并在博物馆举办多次展览，广东省博物馆认定广轻艺术设计学院为“广东省博物馆文创研发基地”。

2021年9月24日，教育部怀进鹏部长前往国际数字创意谷产教融合实训基地调研考察，对基地实施工学商一体化产教融合人才培养模式改革的工作给予高度认可。（图5-31、图5-32）

第三节　国家及省级实训基地

广东轻工职业技术学院的实训基地资源非常丰富，为产品艺术设计专业的教学、科研和社会服务提供了有力支持。这些实训基地的建设符合学理性的原则，推动了产教融合、产学研合作的深入发展。

一、助力创意设计，共建产教融合校内实训基地

学院以国家级生产性实践教学基地、广东省数字创意产教融合实践教学示范平台、广东省高职教育产品造型设计实训基地、广东省艺术设计专业公共实训中心、广东轻工职业技术学院产科教联合中心等为代表的产教融合校内实训基地，展现了学院与企业合作的成果。产品艺术设计专业借助这些实训基地集教学、科研、社会服务“三位一体”。其中，以国家级生产性实践教学基地、广东省艺术设计公共实训中心、广东省数字创意产教融合实践教学示范平台为代表——“国际数字创意谷”技术技能平台，共引进科大讯飞、锐智科技LARWINER和许鸿飞等社会企业和个人建设资金达到2700多万元，总投入5000多万元。实训基地内拥有CMF材料馆、智能产品研发中心、数字岭南文创产品研发中心、数字制造中心、

图5-31 教育部怀进鹏部长前往国际数字创意谷调研考察

“3D数字工匠”等，各种设施、仪器设备总值高达1115万元，生均达1.1万元。该专业的实训基地成为创意设计项目制教学实践基地的典范，被全国多所高职院校借鉴。此外，该专业还与中国国家级工业设计中心——广东东方麦田工业设计股份有限公司、广东省博物馆等26家企事业单位共建大学生校外实践基地，实施“工学商一体化”项目制课程教学。

二、对接龙头企业，共建育人创新基地

以大数据、人工智能等新兴技术对创意设计产业的赋能推动为纽带，与腾讯云、科大讯飞、锐志教育科技、东方麦田工业设计股份有限公司等行业龙头企业实施深度产教融合，共建“湾区广告产业学院”“广轻腾讯云数字创意设计产业学院”“轻工产品设计产业学院”等，构建数字创意设计育人创新基地。

该基地运用大数据分析支持产品设计的定位策划、广告推广和用户体验，运用人工智能技术创新产品设计功能，运用虚拟现实技术展示和打磨产品设计原型，从而优化产品设计创新方法、重构产品设计流程、升级产品技术智能化程度。以研促教，将设计和研发过程内化为教学内容，服务创意设计产业的中小微企业，推动人才供给侧改革，满足粤港澳大湾区数字创意产业人才需求。

图5-32　与300多家企业建立校企合作关系

三、对接行业协会，共建智能产品研发基地

依托学校产科教联合中心，与龙头企业科大讯飞华南有限公司共建“智能产品研发中心”。该中心集教学、科研和产品转化等功能为一体，在设计创新过程中融入人工智能技术，并相互赋能，建设成以智能家居、智能穿戴和服务型智能机器人设计研发（基于已有技术应用的二次开发与新应用场景的设计研发）为核心功能，能够服务科技型的头部企业，促进区域经济发展的教学与科研并重的服务平台建设，实现智能产品向数字化、智能化、网络化方向的转换。一方面能为新产品的设计和技术实现提供解决方案，为项目产品的市场化转换提供支撑条件，另一方面也能为社会提供技术成果、技术咨询、标准制订和人才培训等方面的服务。

第四节　元宇宙联合研发中心

广东轻工职业技术学院在国家“双高”建设的基础上，协同腾讯、中手游、科大讯飞、树根互联等头部企业共建“国际数字创意谷”技术技能平台，并升级打造“元宇宙虚拟技术应用转化平台”。于2022年8月申报广东省发展和改革委员会“元宇宙赋能广东省工程研究中心”项目，拟从元宇宙内容生态建设入手，打造数字人、物和场景，探索创意设计高层次高素质技术技能人才培养，用创意设计搭建消费市场和智能制造之间的桥梁，助力赋能广东文化强省建设和广州“全球订制之都”产业发展。

广东轻工职业技术学院已经具备强大的专业服务能力和深入社会担当的特点。虚拟现实和元宇宙是下一个世界范围的科技及社会进步爆发点，广东轻工职业技术学院应该站在技术输出的第一线。虚拟现实和元宇宙数字建设与所有专业相关，可以充分整合各专业特点，助力专业人才训练提升一个新的层次。数字孪生是一个足以

称其为“浩瀚”的巨大工程，现实中方方面面的数字化，必将为社会经济生活注入新的活力，创造更高的经济价值。初步估计仅虚拟现实应用社会服务和虚拟人偶像直播服务就能达到千万年产值。

“女娲工坊”虚拟现实技术转化平台、“鲁班工坊”数字创意高技能人才育训云平台、“盘古新天地”元宇宙场景体验社区、品质生活轻奢品高定服务平台、元宇宙体验馆建设、个性化人居环境订制设计平台可以设定元宇宙数字人设计制作标准，占据国家元宇宙数字孪生建设标准制订的主导权，辐射世界。在这个时代，任何可以使人类文明得以推进的技术进步，都不应被错过。（图5-33至图5-35）

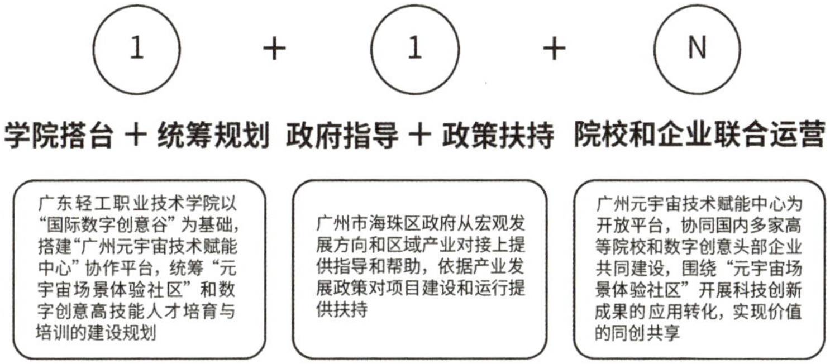

图5-33　元宇宙联合研发中心建设思路

图5-34　国际元宇宙联合研发中心启动仪式1

国5-35　国际元宇宙联合研发中心启动仪式2

第六章
数字经济导向与特色产业导向的产业学院

2020年7月，教育部办公厅、工业和信息化部办公厅印发的《现代产业学院建设指南（试行）》提出，产业学院的建设目的是要完善高职院校产教融合、协同育人机制，构建高等教育与产业集群联动发展机制，以便打造融合人才培养、科学研究、技术创新、企业服务、学生创业等功能于一体的新型人才培养实体。

2021年10月，中共中央办公厅、国务院办公厅印发的《关于推动现代职业教育高质量发展的意见》提出“推动校企共建共管产业学院、企业学院，延伸职业学校办学空间”。

高职院校产业学院是将高等职业教育与产业紧密连接、融合教育需求与产业需求、具有合作共赢与跨界共生等典型特色、拥有相对独立地位的新型组织模式。

“双高”建设期间，广轻艺术设计学院分别与数字创意头部企业腾讯、广东省广告集团、地方特色珠宝产业、玩具产业，相继合作成立了产业学院。同时，信息技术学院也设立了工业互联网产业学院。这样的校企合作拓展了学院的办学领域，丰富了教育内容，为人才培养明确了定位，形成了多元化服务产业的组织平台。

第一节　广轻腾讯云数字创意设计产业学院

2019年以来，广东省政府出台《广东省建设培育产教融合型企业工作方案》和《广东省人民政府关于培育发展战略性支柱产业集群和战略性新兴产业集群的意见》等相关文件，将数字创意产业列为重点发展的战略性新兴产业集群之一。数字创意产业发展强劲，对数字创意设计人才的需求十分迫切。

为了应对数字经济时代带来的变革，广轻艺术设计学院提出要精准对接数字创意产业，以大数据、人工智能等新兴技术对创意设计产业的赋能推动为纽带，联合腾讯云计算（北京）有限责任公司、广东锐志教育科技有限公司、广东东方麦田工业设计股份有限公司三方优质资源，共同建设广轻腾讯云数字创意设计产业学院，搭建数字创意设计教育云平台，打造产教融合的新生态。学院将依托数字创意设计教育云平台打造线上线下的示范性人才培养实体，集人才培养、师资共建、科研创新、技术服务等功能于一体，以应对增材制造、智能制造、非物质产品和数字营销等领域的挑战。

广轻腾讯云数字创意设计产业学院主要建设目标是：打造出支撑人才培养、社会服务、技术应用研究以及对外交流合作的开放性“数字创意设计教育云平台”；发挥大数据、云计算、人工智能等技术优势构筑数字创意产业人才培养新高地，服务区域产业升级与创新发展；推动“数字创意设计教育云平台”成为国家职业教育人才培养示范基地，持续创新产科教融合工学商一体化人才培养模式，共育符合产业转型升级需求的复合型、应用型创新人才；充分发挥社会价值、投入社会服务，提供优秀的职业技能人才考培服务、终身教育服务和技能竞赛服务。

学院依照《现代产业学院建设指南（试行）》要求，落实可持续发展长效机制，协同腾讯、阿里云、科大讯飞、锐志教育科技等行业龙头企业实施深度产教融合，共建广轻腾讯云数字创意设计产业学院，被中国现代产业学院协同创新平台评为2022年度现代产业学院典型案例。（图6-1至图6-5）

图6-1　赴腾讯科技（深圳）有限公司调研交流

图6-2　广轻腾讯云数字创意设计产业学院签约仪式

图6-3　MEET教育科技创新峰会介绍广轻腾讯云数字创意设计产业学院

荣誉证书
CERTIFICATE OF HONOR
广东轻工职业技术学院 腾讯云数字创意设计产业学院：
获评2022年度现代产业学院
典型案例
特发此证，以资鼓励。
中国现代产业学院协同创新平台
中国产学研合作促进会协同创新平台工作办公室（代章）
2022年9月14日

图6-4　广轻腾讯云数字创意设计产业学院被评为2022年度现代产业学院典型案例

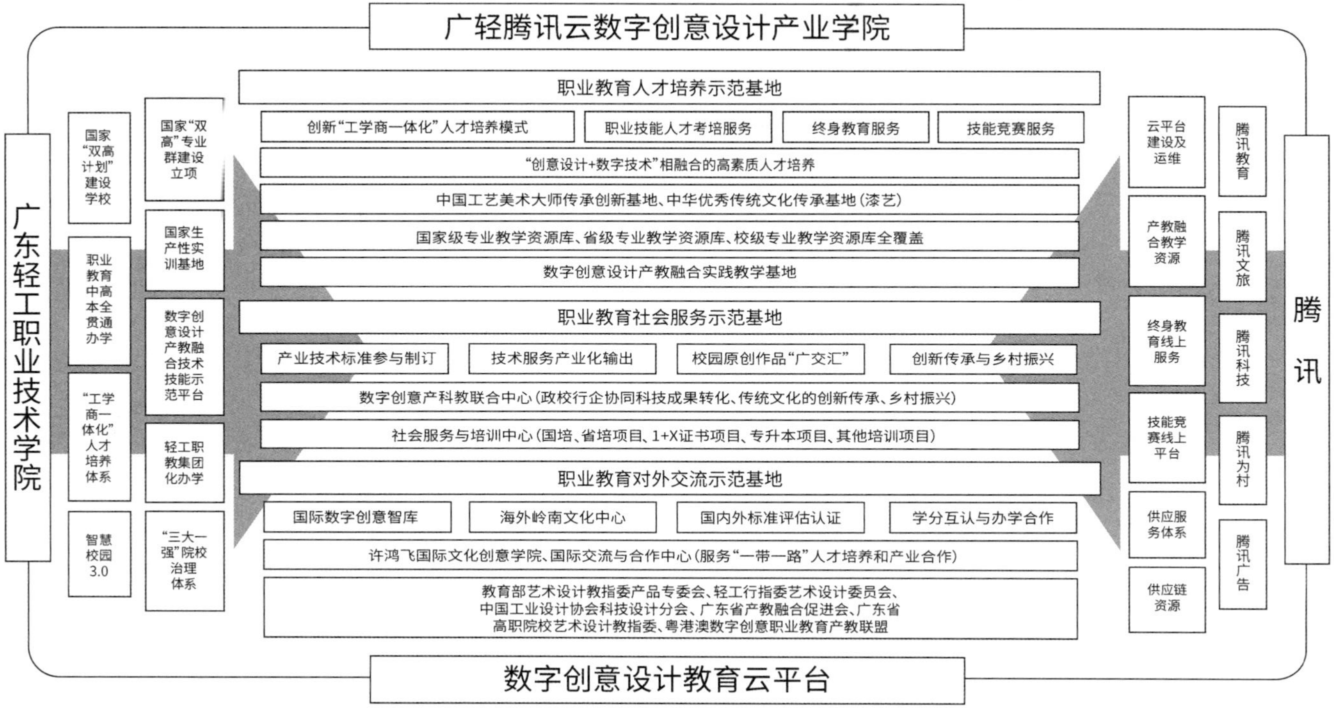

图6-5　广轻腾讯云数字创意设计产业学院运行逻辑

第二节　湾区广告产业学院

广轻艺术设计学院与广东省广告集团（简称“省广集团”）合作，共建湾区广告产业学院。本着“优势互补、协同创新、产教融合、共同发展”的原则，双方同意紧密依托甲方人才和学科优势，结合乙方产业特色和发展需求，共同规划建设湾区广告产业学院（广轻省广集团广告产业协同育人实训平台），通过优势互补、互利共赢的合作共识，湾区广告产业学院将探索“政校行企”协同，推动建设以广告设计与制作专业为基础的数字创意产业领域的产教融合长效机制，与时俱进，锐意创新，打造“湾区模式”职业教育专业品牌，推进职业教育广告设计与制作专业教育新模式改革融合创新，引领数字创意产业的转型升级。合作的具体内容包括：

第一，党建引领，促发展。双方同意共同建设湾区广告产业学院，围绕党建文化成果和经验，开展相关交流与协作。以专项展示平台的形式，输出省广集团优秀企业文化，引领、促进产教融合纵深发展。

第二，开设广告整合创新班，联合培养具有数字创意产业新时代需求的广告设计与制作专业人才。提升专业技能学历教育人才质量，以产业学院和广轻艺术设计学院广告设计与制作专业为基础平台，开设广告整合创新班（30人），通过专项培训和联合培养等形式，开展基于数字创意产业新时代需求的广告设计与制作专业学历教育的创新实践教学，提升专业人才质量。

第三，共同开发广告领域“1+X”职业技能等级证书项目，构建国家级营销与广告设计类职业技能人才资历框架工程。产业学院、广轻艺术设计学院协同省广集团，以C4D、Axure等计算机软件的应用能力和广告创作设计、营销新技术应用能力为方向，联合培养人才，探索构建国家级营销与广告设计类职业技能人才资历框架工程，成为国家职业技能等级证书的培训评价组织。如期完成第五批职业教育培训评价组织和“1+X”职业技能等级证书申报工作。“1+X”职业技能等级证书项目以广轻艺术设计学院为申报的主要文件编撰主力，省广集团GIMC学院配合提供相关申报材料。申报完成之后的项目各阶段验收工作依托广轻艺术设计学院的主要学术研究成果并结合项目应用实际加以整理跟进。GIMC学院在项目的实施中，主要承担专业内容规划、认证评审及结果鉴定的内容，对于合作项目培养的优秀学员，省广集团具有优先聘用的权利。

第四，联合申报国培、省培项目并展开合作，线下线上协同混合式教学，双方在现有“数字创意广告实战训练营”的国培、省培项目持续深化建设，进一步提升专业教育的社会应用价值，促进企业专业人才的知识更新与传承培育。（图6–6）

图6–6　赴省广集团调研交流

第三节　广东轻工顺德珠宝产业学院

近年来，顺德在伦教街道已有多个国内知名珠宝首饰品牌生产基地，并引入香港保发集团，围绕珠宝首饰设计及生产制造两个产业重点，积极打造顺德伦教街道的珠宝产业，引导地区经济向珠宝特色发展，谋划地区生产总值向千亿元靠近。广东轻工职业技术学院协同佛山市顺德区伦教镇政府，与其第三职业教育集团郑敬诒职业技术学校合作共建"广东轻工顺德珠宝产业学院"，为这一目标提供人才支持。

学院将涵盖珠宝首饰设计、制作、鉴定、营销等专业方向，并配套珠宝产业链开设电子商务、会展旅游、数据珠宝、物流等专业。借力顺德区重点打造的珠宝产业区域，推动教育链、人才链、产业链与创新链有机衔接，推动"粤港澳大湾区"珠宝产业的快速发展。逐步探索"政校行企"多方主体的混合所有制办学模式，开展融合教学、培训等业务，为满足"粤港澳大湾区"珠宝产业高技能设计创新人才需求，贡献自己的力量和智慧。

佛山市顺德区第三职业教育集团郑敬诒职业技术学校已设置珠宝专业，累计输送人才近2000人。2017年保发集团项目在伦教区域投资10亿元，并计划引进大量珠宝加工制造企业。广东轻工职业技术学院依托顺德地区珠宝产业链，建立专业链，提高人才资源集聚度，推动"粤港澳大湾区"珠宝产业升级，培养珠宝专业技术技能型、创新型人才。广东轻工职业技术学院、郑敬诒职业技术学校、保发珠宝（中国）有限公司三方共建"广东轻工顺德珠宝产业学院"，共同制订中高职阶段人才培养方案。学院初期设置首饰设计与工艺专业，伴随着教学工作的开展，不断提升首饰设计与工艺专业的办学水平，而与企业的深度合作有益于提高专业设计与实训能力。

教师及学生受益：展开分层分类的差异化珠宝首饰专业培养模式，拓宽了中职院校学生的升学途径，实现人才的差异化培养。同时，学院与当地重点产业精准对接，教学实践、实习和重点珠宝企业直接对接，有利于培养学生的实际动手能力和职业岗位技术技能。这不仅使学生受益，还增加了教师参与分层分类的差异化珠宝首饰专业人才培养模式的教学机会，促进了教师技术能力提升成长与发展。同时，学院借力保发集团，获取更多的实际项目开发资源，有利于教师在项目化教学、研发中提升技能水平和综合素质，更好地促进产学研的课题教学与研究。

专业受益：助力广东轻工职业技术学院首饰设计与工艺专业办学水平的提升，与企业一线生产平台结合有益于提升专业设计与实训能力。开展中高职贯通培养三二分段试点工作，学制五年，延长了珠宝产业学院学生的专业学习学时，有利于培养专业基础扎实的优秀学生，进一步扩大专业在广东省内的知名度和影响力。

企业受益：有益于保发集团完善教育研发区，获取珠宝专业技术技能型、创新型人才；有益于佛山市顺德区第三职业教育集团提升办学实力，增强郑敬诒职业技术学校的办学规模及专业影响力。

其他效益：有益于完善顺德地区珠宝产业链条中的高层次专业人才培养需求，拓展当地生源的就学途径，就地吸收当地生源，占领本地高职院校生源地，扩大学校在当地的办学影响力，增加学校办学经费来源，增加生均场地、设备等数据指标。（图6-7至图6-11）

图6-7 广东轻工顺德珠宝产业学院签约仪式

图6-8 广东轻工顺德珠宝产业学院揭牌仪式

图6-9 广东轻工顺德珠宝产业学院工作推进会

图6-10 广东轻工顺德珠宝产业学院新生见面会

图6-11 广东轻工顺德珠宝产业学院师生开展项目制课程教学

第四节 玩具创意产业学院

澄海有着“中国玩具之都”的称誉，但玩具产业发展面临着产品同质化、品牌及技术含金量不高、高端人才匮乏等问题。为推动澄海玩具产业转型升级、补齐玩具产业人才缺口，依据汕头市“工业立市、产业强市”部署要求，构建“三新两特一大”产业发展格局，强化玩具产业链和供应链协同、发展跨界融合新业态以提升玩具产业创新附加值，培养更多高素质玩具创意产业人才，广东轻工职业技术学院联合汕头市林百欣科学技术中等专业学校和广东众创时代咨询有限公司三方共建广东轻工职业技术学院-汕头市林百欣科技中专“玩具创意产业学院”。

学院依托当地区位优势和产业优势，重点打造“科研设计平台”“文化创意平台”“人才交流平台”“教育培训配套”“创业孵化平台”“电商网红平台”六大板块，搭建产教融合、产城一体的综合型服务平台，为澄海及周边中小型玩具企业提供全链条服务，带动产业上下游持续发展，形成“政府引导、市场驱动、社会参与、协调发展”的工作格局，助力澄海区域优势传统产业实现创新驱动发展和集约发展。

建设“玩具创意产业学院”，有助于推动资源协同共享，发挥各方优势，互为促进，着力构建贴近玩具创意产业、契合玩具行业标准、产教深度融合的应用型人才培养共同体，培养更多高素质玩具创意产业创新人才和技术技能人才，助力玩具产业转型升级创新发展。（图6–12至图6–14）

图6–12 玩具创意产业学院挂牌仪式1

图6–13 玩具创意产业学院挂牌仪式2

图6-14　玩具创意产业学院挂牌仪式3

第五节　工业互联网产业学院

工业互联网产业学院依托广东省工业互联网产教联盟，引入工业互联网典型产业集群的企业资源，精准对接国家工业互联网战略性新兴产业和软件重点产业需求，通过“政校行企”多方参与、资源共享，形成具有工业互联网产业特色的“行业协会+典型产业集群”的校企合作办学模式。产业学院促进人才培养与产业需求全方位深度融合，有力支撑产业发展，全面提升学校信息技术、工业互联网领域人才培养、技术创新、就业创业、社会服务和文化传承能力，支持专业横向拓展、纵向延伸。

产业学院设立“瓦特工坊”（针对就业）、“瓦特创新工场”（针对技术研发和创新创业）作为校企合作载体。随着合作企业群体的不断加入，产业学院将不断增加“瓦特工坊”和“瓦特创新工场”的数量。“瓦特工坊”以30～50人为限，培养三类工业互联网行业企业急需人才：工业互联网售后工程师、工业互联网售前工程师、工业互联网前端开发工程师。“瓦特创新工场”主要是针对工业互联网典型产业集群企业所提供的非标开发项目和可见的创业空间，产业学院的老师和学生有能力承接项目开发和实施的，由合作企业指导开发和实施，实施成功而条件具备的，可以考虑扶持为双创团队并孵化创业。（图6-15至图6-16）

图6-15 工业互联网产业学院1

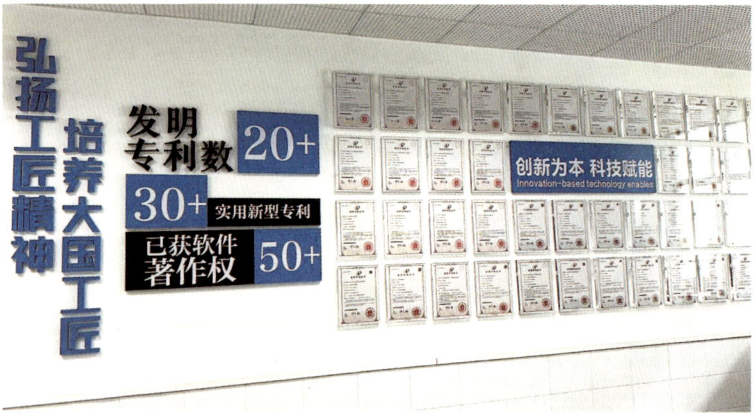

图6-16 工业互联网产业学院2

第六节 艺术设计产科教联合中心建设

广东轻工职业技术学院整合了产业学院、职教集团、研发中心、工程中心、培训学院等资源，建设了一体化推进的产科教深度融合平台——产科教联合中心。该中心聚焦高层次现场工程技术人才培养，深入推进中国特色现代学徒制，统筹各方资源，以院士团队为引领、以“双师型”教师团队为核心，加强研发，构建支撑产科教深度融合、协同运行的联合中心。该中心一端对接产业发展技术和社会服务需求，以高质量技术服务创新赋能产业发展；另一端对接人才培养，中心将高质量的产业发展技术和社会服务需求与高质量的成果反哺教学相结合，建设创新型课程，深层次推动“三教改革”，这也体现了教育学中“三教合一”教育改革理论的理念，即教学、研究和社会服务相融合，形成良性循环。

按照学校“三大一强”治理理念，聚焦高层次现场工程技术人才培养要求，面向数字创意产业，根据市场化的需求，依托学校跨学科、跨学院的产科教联合中心，艺术设计产科教联合中心整合学校教学和科研资源，协同行业龙头企业，通过大师工作室、工学商一体化项目制课程、研发中心和研究院，协同完成应用创新理论研究、职业设计师的培养、设计创新项目落地和科技成果应用转化，最终实现设计创新成果的商业化输出。同时发挥自身的平台作用和放大效能，凝聚校内师生智力资源形成社会服务新活力，为响应“乡村振兴”国家战略，协同第一、二、三产业资源，开展有特色的乡村振兴服务，为粤港澳大湾区中小企业产品设计开发、市场竞争力提供助力。（图6–17）

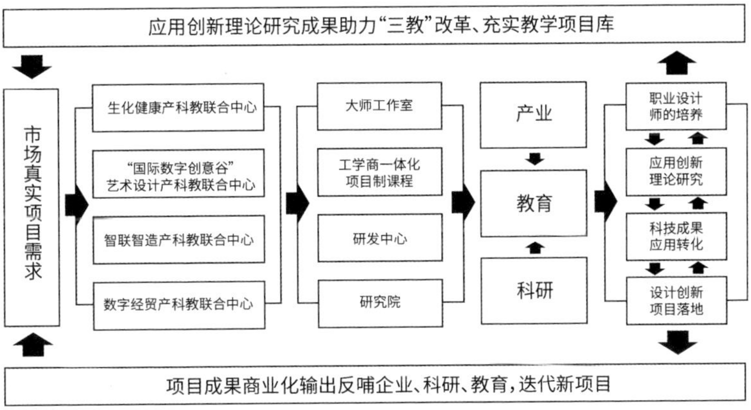

图6–17　艺术设计产科教联合中心运行示意图

第七章
广东数创产业创新创业的生力军

工学商一体化的人才培养模式是否成功，关键在于是否达成了这个人才培养模式所设定的目标。

广轻艺术设计学院的人才培养目标就是要培养具有大设计意识、国际视野、人文情怀与工匠精神的高技能设计创新人才。在后期，桂元龙院长又进一步提出了我们要培养“精设计、懂科技、通商道、厚人文”复合型创新型技术技能人才。

我们对高等职业艺术设计教育的人才目标定位很准确，那就是要培养数字创意产业创新创业的生力军，而不是数字创意产业的领军人物。我们的毕业生，是广东各大数字创意产业中好用的人才，他们的职业综合素质全面，能够明确自己的职业定位，可以在企业所提供的岗位上长期奋斗，乐于此道，精于此业，以此为生。

他们中的佼佼者，在自己的职业生涯中悟出了专业之道、商业之道、人文之道，从而开创了自己的事业。

第一节　杰出学生代表个案及其成长历程解剖

一、98届毕业生　黄海滔

1995年黄海滔就读于广轻艺术设计学院产品造型设计专业。初中开始学习画画，爱好设计。毕业时，社会对产品造型设计专业需求不多，不好找工作，于是决定再读书，完成成人大专的学习。后来在极至设计公司里遇到人生导师和后来的合伙人肖先生。2006年肖先生被广汽集团邀请，担负广汽集团汽车品牌建设的重任，离开了极至设计公司，并将公司交由黄海滔负责。

黄海滔成为公司法人代表，肩负起公司的管理和运营，从原来只负责设计，到要熟悉行政、人事、财务的管理，顿时感觉压力很大。一路走来，磕磕碰碰，本着对行业、职业的热爱，克服种种困难坚持走下来。他通过几年的努力，营造了良好的公司人文氛围，形成了认真的做事风格，得到了企业和同行的认可，更坚定了自己的设计追求。黄海滔认为公司设计的产品不仅是满足消费者的“需要”，而是创造出消费者“想要”的产品。公司一直坚持对艺术的追求，更注重设计所创造的商业价值，与各行业的顶尖企业进行对接，积累了丰富的设计创新经验并融会贯通，结合专注设计的态度与科学的设计方法，公司的成绩得到客户与同行的高度认同。

黄海滔一直坚持以科学的方法做设计，经过十多年的沉淀，他本人取得非常可贵的成绩，获得“广东省技术能手”称号、广东省首届工业设计技能大赛季军，被广东工业设计培训学院、广东工业大学、广州番禺职业技术学院等聘为客座教授、外聘老师。公司也在与不同行业的顶尖企业对接合作的过程中，积累了丰富的设计经验，并不断融会贯通，帮助公司员工拓宽了设计的思路，取得不同领域的成功。

图7-1 黄海滔及其设计作品

二、02届毕业生 梁永

2002年毕业的广轻艺术设计学院产品造型设计专业学生梁永，广州易用设计有限公司执行董事、总经理，兼任易用设计有限公司（广州、郑州、广西、阳江）创意总监。为国家一级工业设计师、广东省十佳优秀设计师、广东省工业设计协会理事、广州市工业设计行业协会理事、广州市文化创意行业协会发起人/副会长、广州市工业设计促进会常务理事、广东省商业美术设计行业协会理事。

他曾获得50项以上国内外知名权威大奖，8项设计案例入选国家高等职业教育专业教学资源库，8项设计产品被关山月美术馆收藏；担任广东省工业设计师职称评定专家、“省长杯”工业设计大赛及优良工业设计奖评委、华人设计大赛专家评委。

在校期间，他获得了2002年“汤尤杯”世界羽毛球锦标赛会徽设计一等奖，并最终被采用，由此坚定走设计道路的决心。由大一开始至毕业，他不间断地参加各种设计大赛，通过参赛与高手切磋，提升自己的能力。毕业后的第一份工作是在设计公司做设计师，在没有任何社会商业经验的情况下，第一年设计成功的项目达24个，按照项目通过比例40%计算，参与设计的项目已达到60个，按每个项目出3个效果图计算，一年里总共出了180个效果图。正所谓聚沙成塔，集腋成裘。

2004年成立广州易用设计有限公司至今，他担任各种社会职务不少于10个。公司发展成为工业设计行业知名企业、广州市政府颁发的首批广州工业设计示范企业、广东省优秀设计企业、首批广州科技创新服务机构，并在国内前后开设了3家分公司。一路走来，有付出的艰苦、有未知的恐惧、有彷徨与迷茫，同样有收获的喜悦、有对未来的憧憬。

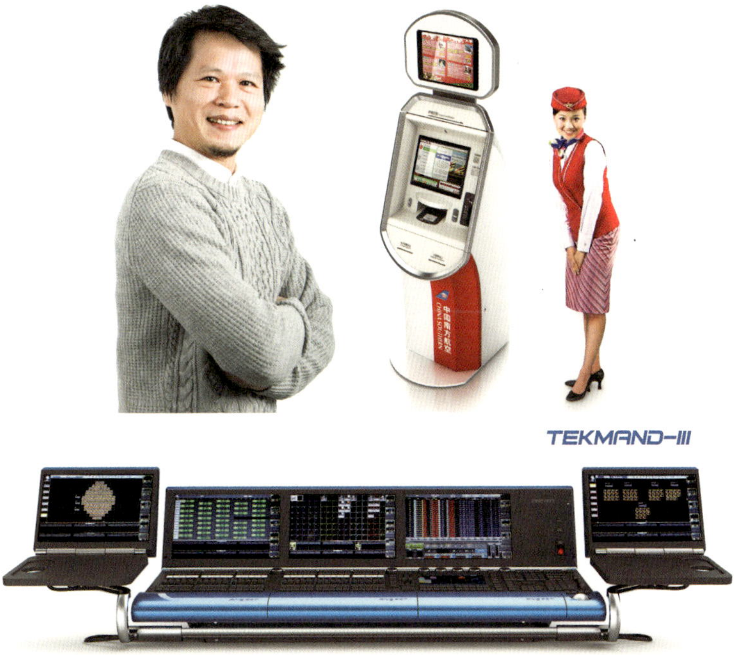

图7-2　梁永及其设计作品

三、07届毕业生　李享福

李享福，现任深圳市几素科技有限公司董事长，拥有15年以上的工业设计领域经验，以“精品品牌孵化”为理念，研发适用各种应用场景的创新产品，开发更多适应市场需求的产品，致力于打造提升用户生活品质的多品类优秀品牌。

在担任深圳市几素科技有限公司董事长期间，他带领团队孵化出两大消费类品牌，其中JISULIFE（几素）品牌主要研发生活小电器类原创产品，是新设计优质生活品牌；JSAUX（几硕）品牌，是为数字生活赋能的高品质数码周边品牌。从业至今，他将自身在专业领域积累的经验和丰富的行业认知运用在指导团队研发产品上，秉持以人为本的设计理念解决用户痛点，鼓励创新产品，带领公司团队打造了20多款行业爆品，产品包含无叶挂脖风扇、棒棒糖加湿器、扩展坞和数据线材等。

截至2021年7月，李享福带领团队已经积累了245项国内专利成果、12项PCT国际专利申请、58项国外专利成果、美术作品著作权7项、德国IF设计奖4项，单一注册海外商标55件、马德里商标2件，设计落地140多个国家。

目前原创产品研发累计项目超过70项，所设计产品得到全球消费者的充分认可。线上电商平台多品类销量名列前茅，拥有小米、京东、网易、顺电等100多个颇具影响力的合作伙伴，产品累计销量超过2500万台。旗下品牌JISULIFE（几素）连续三年获得天猫USB风扇类目品牌第一，在第27届中国（深圳）国际礼品及家居用品展览会上，凭借出色的产品设计和独特的产品创新获得中国礼品行业TOP30杰出品牌和中国礼品行业TOP30产品创新的荣誉以及TBI“年度最具年轻力品牌”等奖项。高品质数码周边品牌JSAUX（几硕）也凭借优秀的设计和过硬的品质得到全球消费者的认可，在2019年荣获“亚马逊全球开店中国出口跨境品牌百强”，产品覆盖全球40多个国家和地区。

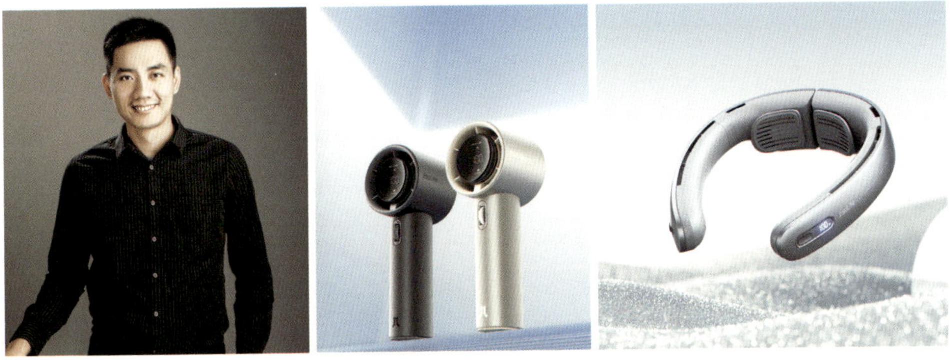

图7-3 李享福及其设计作品

四、00届毕业生　吴贞炎

2000年，吴贞炎毕业于广轻艺术设计学院广告设计专业，工作初期辗转于广告行业的不同岗位，在工作实战中磨炼设计技术，探索最前沿的广告创意设计表现技能，并逐渐确定了以商业广告图片创意精修作为自己未来的努力方向。2007年，独资创办了上海黑子广告有限公司并任执行董事兼总经理，当年即以优异表现摘得中国汽车广告奖金奖，随后陆续获得秀听赏最佳修图公司提名（2008）、金投赏第四届修图组金奖（2011）、金投赏第五届修图组金奖（2012）。

适配于商业策略的优秀创意是广告的灵魂，而再好的创意都需要最终的落地执行来支撑和呈现，尤其是汽车、奢侈品等行业的广告创意对图片和影像的质量尤为倚重。完成一张新车上市的主视觉图片，项目过程的文件往往多达40000张图，需要上万个图层，占用几百GB甚至1T以上的硬盘空间，以及三个以上修图组历时一个多月的分工分流和最终合成，这对图片精修师来说，毅力的考验更甚于体力的付出。对极致美感的不懈追求，对细微瑕疵的持续打磨，这背后是对事业的无限热爱。

随着业务的逐渐扩大，2013年，吴贞炎与朋友联合创办了上海一修图文制作有限公司，任执行董事兼总经理。至今陆续获得金投赏第六届修图组金奖（2013）、金投赏第七届摄影组金奖（2014）、戛纳国际创意节入围《3M拿破仑篇》（2014）、戛纳国际创意节银狮奖《北京地铁》（2015）、金投赏第八届摄影金奖（2015）、金投赏第九届摄影金奖提名（2016）、金投赏第十届至第十二届修图金奖提名（2017—2019）、IAI国际广告公益奖金奖《逆行者》（2020）、MAA现代广告公益奖银奖《它不需要时尚》（2020）、金投赏第十四届修图金奖提名（2021）、金投赏第十五届修图银奖铜奖（2022）等荣誉奖项，连续十年以上获得亚洲地区规模最大的商业创意奖项，公司也被指定为小鹏汽车年度修图供应商。

脚踏实地，潜心修艺，吴贞炎至今已有超过20年商业广告视觉合成的修图行业经验。工作之余，他也热心参与行业交流和技艺传承活动，受邀担任Adobe Certified Professional世界大赛中国区终审评委，以及上海开放大学、苏州工艺美术职业技术学院等多所高校专业的课程顾问专家。

图7-4 吴贞炎及其设计作品1

图7-5　吴贞炎及其设计作品2

五、04届毕业生　杨韶伟

图7-6　杨韶伟

广州威而比科技有限公司CEO，曾在环球市场集团、广交会电商和闪购移动物联网公司、一呼百应有限公司等担任技术VP。科技行业连续创业者，有十多年互联网创新研发、项目管理和优秀团队搭建经验，熟悉大数据、人工智能、云计算、物联网等领域，有多个从零到一的互联网高并发/大数据实践案例。

六、16届毕业生　陈耀武

图7-7　陈耀武

广州小滴生物科技有限公司、广州抖盛传媒有限公司CEO，曾就职于多个互联网大厂，阿里巴巴集团海外多个项目技术负责人、荔枝FM架构师。曾获中国国际“互联网+”大学生创新创业大赛广东省分赛金奖，为小滴课堂创始人（2016年创立至今），全网用户量百万以上。2020年进入直播带货领域，从事供应链和品牌打造。主要业务包括：软件开发、在线教育IT技术培训、抖音直播、短视频带货、供应链等。

七、12届毕业生　李文龙

图7-8　李文龙

支付宝信息技术有限公司开发专家、杭州市高层次人才，曾在酷狗音乐、淘宝、钉钉等从事研发。有十多年互联网创新研发、项目管理和团队管理经验，熟悉移动开发、IOT、人工智能、云计算等领域，参与研发多个超千万级日活APP并上架。

第二节　学生就业表现的一般性调查

广轻艺术设计学院成立至今，为粤港澳大湾区乃至全国输送了大量设计创新人才，人才培养质量和办学声誉高，招生与就业质量双高，连续多年高考招生分数线高出大学专科线约140分，高出普通本科分数线约30分，就业率在97%以上。

学生在就业市场上具有广泛的就业机会，包括在设计公司、广告公司、制造业、媒体和娱乐业等领域从事产品设计、平面设计、工业设计、交互设计、数字媒体等相关工作。根据不同领域的需求，学生具备相关的技能和知识，包括产品设计、3D建模、渲染、动画制作、交互设计、视觉效果等方面。

毕业生产业高端就业和自主创业影响力良好。部分在波音、三菱、广汽丰田、华为、小米、美的、洛可可等国内外知名企业成长为设计精英和管理人才，也有部分自主创业成为行业翘楚。

第三节 学生在数字创意产业中的表现

广轻艺术设计学院立足粤港澳大湾区，面向全国，辐射“一带一路”沿线国家，服务于数字创意产业、工业设计服务业等领域，满足粤港澳大湾区数字创意产业发展需求，培养具备设计调研、大数据应用、产品创意表达、产品造型设计、CMF设计、体验设计、产品运营等产品生产服务和设计成果转化能力，具有工匠精神和信息素养，适应“轻工业智能+”、泛在互联网时代发展要求，面向数字创意产业、工业设计服务行业等领域，满足粤港澳大湾区数字创意产业发展需求，具备国际视野，能胜任数字创意产业链中设计岗位群的“精设计、懂科技、通商道、厚人文”的高层次人才，打造与区域发展相适应的专业，服务国家战略及粤港澳大湾区经济发展。学生在数字创意产业中有着广泛的应用能力，可以从事以下几个方面的工作。

三维建模与渲染：学生可以运用自己所学的三维建模和渲染技能，进行数字创意产业的产品设计、广告宣传、动画制作等。

市场营销与新媒体运营：学生可以负责品牌推广、市场调研、社交媒体运营等工作，利用新媒体平台进行产品宣传和推广，提高品牌知名度和销售额。

用户体验设计：随着数字化程度的提高，越来越多的产品和服务需要进行用户体验设计。学生可以从视觉、交互等方面进行设计，提高用户使用体验。

虚拟现实应用开发：虚拟现实和增强现实是数字创意产业中的新兴领域，学生可以运用自己所学的技能，设计和制作各种虚拟现实和增强现实产品，如虚拟游戏、虚拟展览等。

第八章
艺术设计教育的国际化

《国家中长期教育改革和发展规划纲要（2010—2020年）》重点强调了要“培养大批具有国际视野、通晓国际规则、能够参与国际事务和国际竞争的国际化人才”。

教育部、财政部发布《关于实施中国特色高水平高职学校和专业建设计划的意见》（教职成〔2019〕5号）明确指出，提升国际化水平，“加强与职业教育发达国家的交流合作，引进优质职业教育资源，参与制订职业教育国际标准。开发国际通用的专业标准和课程体系，推出一批具有国际影响的高质量专业标准、课程标准、教学资源，打造中国职业教育国际品牌”。

广东轻工职业技术学院提出了面向“三洲六国”，打造国际合作育人高地；面向“一带一路”，构建国际职业教育共同体的国际化发展规划。

2019年12月10日，教育部、财政部公布《中国特色高水平高职学校和专业建设计划建设单位名单》（简称“双高”计划名单），广轻艺术设计学院产品艺术设计专业群成功入选国家“双高”计划名单。

以此为据，广轻艺术设计学院明确了培养能够服务于“一带一路”沿线国家智能时代数字创意产业的设计人才的目标。在落实此目标的过程中，学院特别面向数字创意设计产业，融合创意设计与新兴信息技术，锚定数字创意产业链中设计岗位群的需求，培养“精设计、懂科技、通商道、厚人文”的“创意设计+数字技术”复合型国际化数字创意人才。

在优化工学商一体化国际化人才培养方案的基础上，学院积极与“一带一路”沿线国家的院校、机构合作，推动国际数字创意设计创新人才培养标准、课程标准和教学标准更新，形成国际化数字创意设计创新人才培养模式和资源体系。

广轻艺术设计学院职业技术教育的目标就是：建成国际数字创意设计领域的高端交流和协作网络，推动建设国际数字创意设计创新人才培养标准、课程标准、教学标准以及输出数字创意设计创新人才培养模式和资源体系，以引领国际数字创意职业教育发展为长远目标，力争建设成为“中国特色、国际知名”的数字创意设计领域的国际化职业教育示范品牌。

第一节　英国国家学历学位评估认证中心国际专业标准评估

为将广轻艺术设计学院的职业教育系统打造为中国职业教育国际品牌，学院开发国际通用的专业标准和课程体系，实现深层次国际化合作与交流。

2021年9月，广东轻工职业技术学院与英国国家学历学位评估认证中心针对艺术设计学院产品艺术设计专业的专业标准评估认证工作正式启动。此项评估工作既是学校“双高”建设任务中的一环，更是让广轻艺术设计学院专业办学走向国际的必由之路。

广轻艺术设计学院旨在通过与英国国家学历学位评估认证中心的协作，立足中国，放眼世界，以产品艺术设计专业为先，摸索走出“中国特色，国际知名”的专业群建设道路，将广轻艺术设计职业教育品牌推向世界，打造具有中国特色的国际专业标准和课程体系。（图8–1）

英国是第一个探索且提供一体化学历学位认证服务的国家，英国国家学历学位评估认证中心是英国官方指定唯一的全球学历学位评估认证机构，也是全球首家在世界范围内开展针对国际教育体系和学历学位认证与评估工作的机构，充当了世界国际资格的翻译机。目前英国国家学历学位评估认证中心已经发展成为全球最具权威的第三方认证机构。

英国国家学历学位评估认证中心在中国职业院校推出了“高等职业教育领域国际专业标准评估认证计划”，助力“双高”院校专业达到国际标准，协助院校专业课程的输出，以及国际课程标准的引入。这项计划能够帮助院校在提升国际影响力的同时，获得国际认可，在专业标准化建设上提升专业建设质量，满足院校深度国际合作交流的需求。

图8–1　学院代表领取英国国家学历学位评估认证中心国际质量标准证书及2023国际专业标准开发领域学术卓越奖

目前，广轻艺术设计学院产品艺术设计专业已在招生政策与实践、资格和课程、学习和教学、评估、通信和信息管理等五个方面达到国际质量标准检测指标，并且在与英国院校资历框架的对标中完成整改与评估。

评估认证完成后，我院将完成“双高”建设中以下任务：

（1）参与制订职业教育国际标准；

（2）在英国国家学历学位评估认证中心的协助下对接国际成果导向的职业标准的开发；

（3）与国外院校开展学分互认和专业共建对接工作，取得世界同类院校对院校国际专业标准的认可，搭建双方学分互认的立交桥，为学生提供国际学分融通和学历提升的机会，深化产品艺术设计专业群国际水平的建设成果；

（4）提高专业国际影响力和专业标准输出；

（5）成果将辐射行业内的其他职业院校以及海外其他国家的职业院校；

（6）协助院校引入优质国际教育资源；

（7）举办国际性赛事、赛项。

截至目前，艺术设计学院已有两名教师加入英国国家学历学位评估认证中心专家库，加入专家库的专家，将代表广轻艺术设计学院参与国外院校、企业等的培训项目，以及在境外团体或国际机构从事专职或兼职工作。（图8-2至图8-4）

通过英国国家学历学位评估认证中心所提供的国际项目——国际交流与合作的平台，可为中方院校在校学生提供到国（境）外进行专业实践学习的机会。

2020年11月17日—20日，由中国职业技术教育学会、中国机械国际合作股份有限公司、德国斯图加特展览有限公司联合主办的“2020第五届世界职业教育大会”在青岛红岛国际会议展览中心召开。广东轻工职业技术学院由国际交流与合作中心牵头共派出11人参加。

图8-2 国际质量标准证书

图8-3 国际可比性证书

图8-4 桂元龙院长、李楠主任受聘为英国国家学历学位评估认证中心中国专家资源库专家成员

在“2020中英职业教育国际合作交流研讨会暨UK NARIC英国国家学历学位评估认证中心中方理事会成立会”上，广轻艺术设计学院院长桂元龙教授应主办方邀请，作了“走向世界的广轻艺术设

计教育”主题发言，就我校“双高”建设国际化发展的基础与布局、学院工学商一体化人才培养对接国际合作，以及产品艺术设计国家“双高”专业群国际化发展方向与着力点三方面内容进行了精彩分享。发言得到了线上线下专家学者的高度认同和兄弟院校的热烈响应。（图8–5）

在展览会上，广轻艺术设计学院代表围绕国际合作、专业评估与标准认证等内容，与中德职业教育产教融合联盟、英国国家学历学位评估认证中心等机构以及多个兄弟院校代表展开了较深入的探讨和有价值的交流。

在本次会议上，广东轻工职业技术学院获得“中国职业院校世界竞争力50强”的荣誉，并当选为英国国家学历学位评估认证中心中方理事会副理事长单位。

“高等职业教育领域国际专业标准评估认证计划”合作项目，首先，促进广东轻工职业技术学院专业标准与国际标准有效对接，并达到国际专业标准水平；其次，搭建了国际交流与合作平台与学生中外双证书体系，融通现有的专业标准和课程体系，打造“广东轻工数字创意”国际教育品牌；最后，推动广东轻工职业技术学院

图8–5 桂元龙院长在中英职业教育国际合作交流研讨会上进行主题发言

专业标准与国际标准对比、改进，既保持本土特色，又达到国际水准，形成教育竞争力。

第二节　国际合作办学

一、许鸿飞国际文化创意学院

许鸿飞国际文化创意学院是由全国政协委员、国家一级美术师、国际著名雕塑艺术家许鸿飞教授捐资500万，与广轻艺术设计学院联合共建、开展国际化办学、服务“一带一路”沿线国家智能时代文化创意设计人才培养的专门学院。(图8-6)

图8-6　许鸿飞国际文化创意学院

许鸿飞国际文化创意学院设立国际大师流动工作站，设置专属场地并配套相关工作人员，灵活优化服务管理机制，从软硬件资源建设方面全方位提供优质条件，开放聚集国际优质教育资源。同时，全方位组建大师合作团队，将人才培养与师资团队建设发展融入大师流动站具体环节。一方面开展特聘教授“互聘”，聘请不同行业、领域有影响力的专家、学者、行业领军人物为特聘教授；另一方面，积极推进我院教授被相关院校、企业聘为特聘教授，以打造“跨界混编”高水平教学团队，打造“跨国（境）混编”教学团队。

在人才培养方面，许鸿飞国际文化创意学院以培养服务“一带一路”沿线国家智能时代文化创意设计人才为目标，创新优化工学商一体化国际化人才培养方案，特别面向数字创意设计产业，融合创意设计与新兴信息技术，锚定数字创意产业链中设计岗位群需求，全方位推进“精设计、懂科技、通商道、厚人文”的国际化复合型设计创新人才模式改革。

在管理方面，确定“以人为本，柔性培养”的管理思路，完善国际化人才培养管理制度体系。依托许鸿飞国际文化创意学院，制订《留学生奖学金制度》《留学生管理制度》《留学生人才培养方案》《留学生工作室管理制度》等多项制度，将培养元素融入服务管理，提升管理的科学性、有效性、针对性。

二、国际学生培养

广东轻工职业技术学院坚持既“引进来”又“走出去”的国际化合作办学战略，先后与澳大利亚北悉尼学院、澳大利亚阳光海岸大学、马来西亚汽车大学等20多所国外院校或企业建立了合作关系。

目前，广轻艺术设计学院在国际学生培养方面的成果主要有：招收来自委内瑞拉、坦桑尼亚、塞拉利昂、哥伦比亚、吉尔吉斯斯坦等国家共计6名全日制留学生；派遣4名学生赴意大利米兰新美术学院学习；与法国巴黎学院签订合作备忘录及学分互认协议；与新加坡南洋理工大学进行交换生项目，共计交换学生30余名；与巴基斯坦INFINITY工程学院合作开展“中文+技能”培训服务，目前已对30名巴基斯坦国际生开展培训；与新加坡艺术协会、新加坡首都艺术科技管理学院合作开展新加坡“轻工工坊”项目等。（图8–7）

三、新加坡“轻工工坊”项目

新加坡“轻工工坊”项目由广东轻工职业技术学院与新加坡合

图8-7 来自委内瑞拉、坦桑尼亚、塞拉利昂、哥伦比亚、吉尔吉斯斯坦的留学生合影

作方（新艺协、新加坡首都艺术科技管理学院）共建，旨在促进中新职业教育与培训交流合作，共同培养国际高技能人才，助力中国技术、中国工艺及中国文化与世界交流。2023年，“轻工工坊”项目在新加坡举办中国文化系列课程，面向新加坡公众提供中国传统布艺、传统珐琅及古法羊毛毡等文化与手工艺体验课程。系列课程充分采用“理论与实操相结合”的教学方式，在开展文化理论知识讲解的基础上，引导学员进行手工创作实践，以小见大、深入浅出地帮助学员直观感受中国工艺技术，深受新加坡当地学员的喜爱，培训人数超500人次。（图8-8）

广东轻工职业技术学院与新加坡首都艺术科技管理学院共建“轻工工坊”新加坡培训与展示场馆，并与新艺协合作共建“轻工工坊”新加坡行业协会培训基地，以职业技能教育促进行业技术交

流与人才培育，并为中新教育交流提供良好的展示场地。2023年双方合作在新加坡开设“中国绘画与服装赏析”专题文化分享活动，由广东轻工职业技术学院教师牵头分享，新加坡相关协会、教育机构与企业人员超100人次参与研讨与交流。（图8-9）

未来，“轻工工坊”将立足新加坡基地，为持续推动中新职业教育培训、产教融合与商贸合作等方面的交流和发展贡献力量。（图8-10、图8-11）

图8-8　中国传统珐琅工艺体验课上的学员与顾鼎之老师合影留念

图8-9　“中国绘画与服装赏析”专题文化分享活动与会人员合影

图8-10　桂元龙教授为新纪元大学学院师生作专题讲座

图8-11　学院专任教师廖乃徵、李罗娉在泰国兰纳国际学校开展双语讲座

四、国际化师资团队建设

为保障教师队伍的高质量发展，广轻艺术设计学院致力于对接国际标准，建设国际化师资团队，为培养具备国际视野的人才目标保驾护航。

一方面，艺术设计学院与国际知名院校进行师资互聘。聘请法国巴黎学院校长、巴黎学院国际学院副院长为学院特聘教授；法国巴黎学院聘任学院桂元龙教授等为巴黎学院特聘教授；泰国创石国际有限公司聘桂元龙、伏波、李楠为专家；聘请马来西亚郑和研究院张瑞发、李振城、陈达生、江世波四名专家为学院客座教授；聘请美国蒙特塞拉特艺术学院校长Brian Pellinen、美国莱斯利大学设计专业教授Kristina Sansone、全球艺术教育联盟执行主席Kurt Steinberg三位教授为学院特聘教授；美国全球艺术教育联盟聘请学院桂元龙、伏波、徐禹、杨淳、李楠五位教授为国际项目专家。

另一方面，学院教师队伍在“双高”建设目标指导下，与国际院校合作进行双向培训。如桂元龙教授为新纪元大学学院师生作了《与时俱进的广东艺术设计高职教育——以中国特色高水平产品艺术设计专业群建设为例》的专题讲座；学院专任教师廖乃徵、李罗娉在泰国兰纳国际学校开展两次双语讲座，参与培训400余人；美国蒙特塞拉特艺术学院校长Brian Pellinen、美国莱斯利大学设计专业教授Kristina Sansone、全球艺术教育联盟执行主席Kurt Steinberg三位教授为我院400余名师生进行三次大师课培训等。

五、中外合作办学项目

为扩大教育对外开放，引进国外优质教育资源，充分吸纳和借鉴国外先进教育理念和办学经验，提高国际化办学水平，培养具有全球视野的高层次国际化人才，更好地服务于粤港澳大湾区推进国际教育示范区建设，按照《中华人民共和国中外合作办学条例》等相关教育法律、法规和政策的规定，经双方友好协商，广东轻工职业技术学院与美国蒙特塞拉特艺术学院达成共识，合作创办广告艺术设计专业专科教育项目。

美国蒙特塞拉特艺术学院成立于1970年，是一所艺术类私立本科学院，位于马萨诸塞州历史悠久的沿海城市贝弗利。该校专注于每个学生的个人创意发展的个性化教育，是著名的北美独立艺术设计学院联盟发起学院之一，也是八个主席学院单位之一，多次被U. S. NEWS评为“最佳艺术设计学院”，在艺术设计领域，学院拥有着极高的行业认可度、学术水准和就业率。

双方自2018年开始，积极探讨并协同创新契合双校艺术设计专业人才培养要求的项目制人才培养模式。2019年1月，双方共同推进美国蒙特塞拉特艺术学院学生来华实习项目。之后，双方就艺术大师课堂、艺术领域国际论坛、教学资源联合开发、中国特色艺术设计理念输出等合作要点进行多次探讨，持续深入推进广告艺术设计专业合作办学交流和研讨。2022年9月，双方共同申办广告艺术设计专业合作办学项目，目前已获教育部审批备案。

两校合作将引进美国高校的优质教育资源和管理经验，双方选派授课经验丰富、科研实力突出的教师承担教学任务，以满足传统产业转型升级和战略性新兴产业发展对数字创意产业人才的需要，为粤港澳大湾区实施创新驱动发展战略，集聚国际创新资源，建设具有国际竞争力的创新发展区域，培养具有国际视野、精设计、懂科技、通商道、厚人文的复合型创新型技术技能人才。

广轻艺术设计学院在国际合作办学工作中，面向中国战略性新兴产业——数字创意设计产业，融入新兴信息技术，实施工学商一体化产教融合导向的项目制人才培养模式，致力于培养适应新时代“工业智能+”、泛在互联网背景下的产业发展趋势，具备大设计意识、国际视野、新技术素养与工匠精神，能服务区域和国际品牌发展的广告艺术设计专业复合型技术技能人才。

六、国际院校/机构合作

2023年8月，为响应国家“一带一路”倡议，推动中华文化“走出去”，提升广东轻工职业技术学院国际品牌形象，推动艺术设计学院国家“双高计划”产品艺术设计专业群国际化交流合作工作，艺术设计学院在马来西亚国际郑和研究院设立“广轻·国际郑和海丝文创研发基地”。

图8-12　中新艺术文化交流中心挂牌仪式现场

此外，艺术设计学院在海外实训基地的建设上，还有与巴基斯坦INFINITY工程学院合作共建海外实训基地，与美国全球艺术教育联盟合作共建“广东轻工职业技术学院中美文化艺术交流中心”，与新西兰北方理工学院合作设立中新艺术文化交流中心，在泰国建立中泰文化交流中心等成果。（图8–12）

七、课程输出与国际展览

在课程标准方面，艺术设计学院研发的八门国际双语课程被法国巴黎高等艺术学院、马来西亚吉隆坡建设大学、马来西亚Master Success Consultant公司、菲律宾国父大学等8个国家的院校和企业引入使用，受益人群超过3000人。实现我国先进职教理念、优质教育资源的跨文化交流。

在“引进来”的同时，艺术设计学院不忘“走出去”。2023年，艺术设计学院学生作品在美国蒙特塞拉特艺术学院的中美文化艺术交流中心展出，在马来西亚国际郑和研究院举办“中国·广东轻工职业技术学院海丝文创作品展”。（图8–13）

图8-13　2023中美文化艺术交流中心艺术作品展

第三节　举办国际论坛

为推进“纵向贯通，横向融通”新时期职业教育体系建设，瞄准“当地离不开，业内都认同，国际可交流”职业教育“双高计划”建设目标，促进大湾区艺术设计融合发展，提升广轻艺术设计学院教育品牌的国际影响力，广轻艺术设计学院定期邀请海内外有影响力的组织机构与学者、国际行业领军人物，举办高水平国际论坛，分享全球设计新理念、新技术，共同探讨国际社会发展趋势与经济、行业、人才培养发展趋势，促进教师与国际设计教育、设计行业进行交流、研讨，提高师资水平，形成良好的学术氛围，同时培养学生的高层次国际化视野。不忘本来，吸收外来，面向未来，为中国艺术设计职业教育现代化建设打造“典型案例”提供“湾区经验”。

一、新业态·新教育——2020国际数字创意设计高峰论坛

2020年5月20日，广东省人民政府官网发布了《关于培育发展

战略性支柱产业集群和战略性新兴产业集群的意见》，数字创意产业作为广东省十大战略性新兴产业集群之一，需要瞄准国际先进水平，打造产业高质量发展典范，推动国内外数字创意经济和数字创意教育更好、更快发展。

图8-14 新业态·新教育——2020国际数字创意设计高峰论坛

广轻艺术设计学院承办“新业态·新教育2020国际数字创意设计高峰论坛”，邀请国内外数字创意产业知名专家、省市数字创意产业主管机构、数字创意产业行业协会、数字创意产业研究机构、数字创意产业企业以及数字创意产业院校等方面的嘉宾与会，沟通交流数字创意产业发展的经验体会和政策举措，共同探索数字创意产业管理创新、服务创新和业态模式创新。高峰论坛的内容包括领导致辞、主题报告会、专题研讨会、圆桌交流会等。本次高峰论坛是数字创意设计界一次重要的国际性行业盛会，近300名代表通过线上线下的形式参加互动交流活动。（图8-14至图8-16）

二、赋能·超越——2021国际数字创意设计教育论坛

近年来，云计算、大数据、物联网、人工智能、5G等新一代数字技术的应用，改变了传统的生产方式和管理模式，促进了供需精准匹配，带来了颠覆性的改变。在此背景下，国际数字创意设计教育论坛为科技界、设计界、教育界多方协同搭建平台，促进彼此跨界整合资源，以先进设计理念为引领，以智能科技创新为动力，

以产业政策为引导，通过促进科技与设计之间的双向赋能，让“新设计+新技术”呈现出“1+1>2”的效果，助力数字创意设计产业实现自我超越。（图8-17至图8-21）

图8-15　2020国际数字创意设计高峰论坛国际嘉宾发言

图8-16　新业态·新教育——2020国际数字创意设计高峰论坛与会嘉宾合影

图8-17　赋能·超越——2021国际数字创意设计教育论坛

图8-18　蓝皮书《广东省数字创意产业发展调研报告（2018-2020）》发布

图8-19　蓝皮书《2021中国厨卫电器现状及用研分析报告》发布

图8-20　三位国际嘉宾主题演讲

图8-21　赋能·超越——2021国际数字创意设计教育论坛与会嘉宾合影

广轻艺术设计学院深度聚焦粤港澳大湾区数字创意产业发展，精准对接战略性“双十”产业集群，率先开展创意设计与数字技术相融合的专业（群）教学改革，积极探索“政校行企”多元办学新模式。与阿里、腾讯、科大讯飞、广东省广告集团等行业标杆企业开展深度融合的校企合作，共建研发中心和产业学院，正逐步建成国内一流、国际领先的数字创意产教融合实践教学示范平台，活跃于中国艺术设计职业教育产教融合发展的最前沿。

三、国际元宇宙发展论坛

为落实《关于推动数字文化产业高质量发展的意见》《“十四五”数字经济发展规划》《关于加快推动区块链技术应用和产业发展的指导意见》等文件精神，探索元宇宙在未来数字设计、职业教育领域的应用与创新，推动元宇宙赋能职业教育，深化国际数字创意设计职业教育的对话与合作，由全国轻工职业教育教学指导委员会轻工艺术设计专业委员会、中国工业设计协会科技设计分会、广东省高等职业院校艺术设计类专业教学指导委员会、广东省产教融合促进会数字创意设计专业委员会和粤港澳数字创意职业教育产教联盟联合主办，广轻艺术设计学院于2023年5月承办“未来已来——国际元宇宙发展论坛”。

论坛邀请海内外数字创意产业领域有影响力的专家、学者，旨在搭建产教融合的多边共赢平台，交流元宇宙应用场景发展趋势，展示元宇宙应用场景科技成果和互动体验，推动数字创意产业健康有序发展。论坛以线下会议与线上直播相结合的方式进行，是数字创意设计界一次重要的国际性盛会。（图8-22至图8-24）

图8-22　未来已来——国际元宇宙发展论坛

图8-23 未来已来——国际元宇宙发展论坛会议现场

图8-24 未来已来——国际元宇宙发展论坛与会嘉宾合影

第四节　大湾区产业国际化和职业教育国际化

广轻艺术设计学院在国际化建设上成果颇多，学院在国际上的影响力正在稳步提升。2020年学校获中国职业院校世界影响力50强荣誉，广轻艺术设计学院院长桂元龙教授应邀在“2020世界职教大会——中英职业教育论坛”上发言，将学院“用手去思考”的设计教育理念向与会的多个国家代表分享，得到了与会嘉宾的热烈反应与赞同；来自18个国家，包括联合国工业发展组织成员、政府官员、工程师、项目总监、学者组成的联合国工业发展组织生态设计领军班于2019年莅临广轻艺术设计学院参观访问，对学院的国际化建设给予肯定与认可。

学院正积极探索与海外企业深入开展产学研合作模式，主动拥抱粤港澳大湾区数字创意产业发展带来的机遇和挑战。在高质量发展新时代，助推“职教出海”，整合粤港澳大湾区资源与产业优势，聚焦服务“一带一路”倡议，做实做好职业教育国际化建设，为粤港澳大湾区教育示范区建设贡献积极力量。

职业教育的根本任务在于培养人才，而培养具有一定学校特色，且能够适应“一带一路”沿线国家或区域发展需要的国际化数字创意设计人才，为“一带一路”倡议储备国际人才与资源，是广轻艺术设计学院发展的重要任务。

第九章
艺术设计学院的业界影响力

互联网时代，是一个注意力经济的时代，影响力尤其是长久的影响力是一种稀缺资源。艺术设计学院的“双高”建设历程，就是不断提升学院品牌影响力的历程。

一个学院影响力的提升，对内可以加强教师团队的凝聚力，提升学生的自豪感，对外则是资源整合、创造与头部企业和业内有显著地位的名师合作的机会。

影响力的提升，往往是一个正向的马太效应。正是因为广轻艺术设计学院在国家“双高”建设中取得了先发的地位，因此在新的产学融合项目发起的时候，更容易取得合作方的支持与响应。

强者恒强。学院会珍视来之不易的行业影响力，并将其视为永续经营的资源，保持、巩固与提升广轻艺术设计学院品牌的知名度与美誉度，为整个行业做出更大的贡献。

第一节　行业协会组织

广轻艺术设计学院的产品艺术设计专业建设以及专任教师的专

业水平得到了业界的广泛认可，并成为引领行业发展的重要力量。学院的带头人、广东省劳动模范桂元龙教授为高级工业设计师，在艺术设计职业教育和工业设计行业中具有卓越的影响力。同时，学院的带头人和骨干教师担任了多个组织的重要职务，包括教育部职业院校艺术设计类专业教学指导委员会产品设计专业委员会、全国轻工职业教育教学指导委员会轻工艺术设计专业委员会、中国工业设计协会科技设计分会、广东省高等职业院校教育艺术设计类专业教学指导委员会、广东省产教融合促进会数字创意设计专业委员会、粤港澳数字创意职业教育产教联盟等。（表9–1）

表9-1　行业及社会任职情况

序号	行业名称	担任职务
1	教育部职业院校艺术设计类专业教学指导委员会产品设计专业委员会	主任单位
2	全国轻工职业教育教学指导委员会轻工艺术设计专业委员会	主任单位
3	中国工业设计协会科技设计分会	理事长单位
4	广东省高等职业院校教育艺术设计类专业教学指导委员会	主任单位
5	广东省产教融合促进会数字创意设计专业委员会	主任单位
6	粤港澳数字创意职业教育产教联盟	理事长单位
7	中国工业设计协会教育分会	副理事长单位
8	中国国际艺术设计职业教育集团	副理事长单位
9	广东省工业设计协会	副理事长单位
10	广东省广告协会	副理事长单位
11	广东省机械工程学会工业设计分会	副理事长单位
12	广东省时尚首饰及配饰协会设计师专业委员会	副主任单位
13	广州市服装制版技术学会	副会长单位
14	广东省服装服饰协会买手分会	副会长单位

这些重要职务的担任表明了学院带头人和骨干教师在行业协会组织中的影响力和地位。他们通过积极参与组织的工作，推动着行业的发展和创新，为学院和学生提供了更广阔的发展机会。学院借助这些行业协会组织的平台，与相关机构和企业展开合作，承办了2021年全国工业设计职业技能大赛广东选拔赛、2021年全国工业设计职业技能大赛无损检测员（逆向设计与三维检测）项目广东省选拔赛等多项技能大赛，促进教学与实践的紧密结合，确保专业教育与行业需求的紧密对接。这种深入行业的合作与交流，不仅提升了学院在行业中的影响力，也为学生的职业发展奠定了坚实的基础。（图9-1至图9-7）

图9-1　桂元龙出席广东省产教融合促进会数字创意设计专业委员会揭牌仪式

图9-2　桂元龙受聘广东省产教融合促进会数字创意设计专业委员会主任委员

图9-3　2019年教育部职业院校艺术设计类专业教学指导委员会产品设计类专业“广交会”同步微课大赛

图9-4　全国职业院校艺术设计类作品“广交会”同步交易展暨2020年校企创新成果对接会

图9-5　广东省高职院校艺术设计类专业教学指导委员会第一次工作会议

图9-6　2021年全国工业设计职业技能大赛广东选拔赛

图9-7　2021年全国工业设计职业技能大赛无损检测员（逆向设计与三维检测）项目广东省选拔赛

第二节　论坛与讲座

学院与教育部职业院校艺术设计类专业教学指导委员会等合作，共同打造了数字创意设计职业教育国际论坛的品牌活动。学院已成功举办了三届国际数字创意设计论坛，分别是“新业态·新教育——2020国际数字创意设计高峰论坛”“赋能·超越——2021国际数字创意设计教育论坛”“未来已来——国际元宇宙发展论坛”。这些论坛邀请了来自海内外数十位专家、学者和设计师，分享他们的智慧和经验（图9–8）。同时，学院定期举办“设计大家谈”讲座，邀请了广州美术学院的张温帙教授、陈江教授，以及暨南大学的曾振伟教授和广东省美协漆画艺委会主任苏星等多位专家讲授，旨在提升学生的设计能力和素养，拓宽他们的视野（图9–9、图9–10）。

此外，学院还设立了大师流动工作站，吸引了多位国际大师入驻，并开展相关工作。同时，学院承办了“国际教育论坛”，通过线上线下同步进行的论坛直播，吸引了近8万人次的关注。这些论坛和讲座活动不仅培养了师生的专业能力，也有助于学院的品牌建设，提升了学院在国际和国内业界的影响力。

图9–8　新业态·新教育——2020国际数字创意设计高峰论坛

图9-9 “设计大家谈”部分讲座海报1

图9-10 “设计大家谈”部分讲座海报2

第三节　名师工作室

为了传承创新技能，培养具备大国工匠素养的人才，学院创办了一系列专家工作室，包括全国政协委员、国际著名雕塑艺术家、国家一级美术师、广州雕塑院院长许鸿飞先生，中国十佳服装设计师、中国时装设计金顶奖获得者李小燕女士，全国技术能手韩大勇先生，中国工业设计十佳教育工作者、广东省劳动模范桂元龙先生等的工作室，旨在传承和创新各自领域的技能和知识，培养更多优秀工匠人才。（图9-11至图9-25）

图9-11　许鸿飞艺术设计大师工作室1

图9-12　许鸿飞艺术设计大师工作室2

图9-13　许鸿飞艺术设计大师工作室3

图9-14　许鸿飞艺术设计大师工作室4

图9-15　李小燕大师创新工作室1

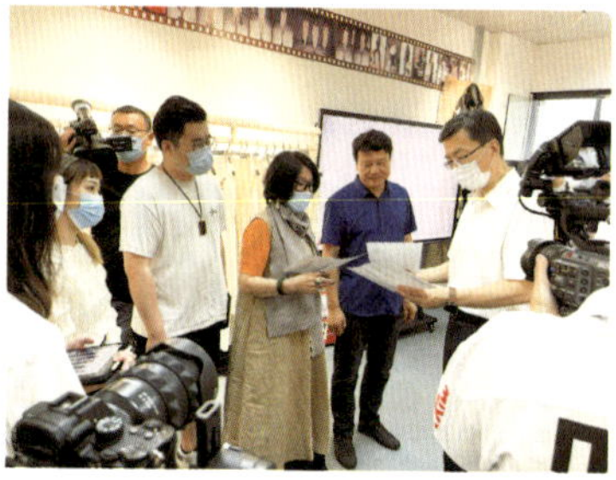

图9-16　李小燕大师创新工作室2

图9-17　李小燕大师创新工作室3

图9-18　桂元龙劳模工作室1

图9-19　桂元龙劳模工作室2

图9-20　桂元龙劳模工作室3

图9-21　广东省教科文卫系统劳模创新沙龙

图9-22　韩大勇国家技术能手工作室1

图9-23　韩大勇国家技术能手工作室2

图9-24　叶军技能大师工作室1

图9-25　叶军技能大师工作室2

知名校友许鸿飞先生曾在澳大利亚、英国、德国、法国等多个国家举办过作品“世界巡展”，还是土耳其、西班牙等国家和地区的荣誉市民，并获得中古两国建交60周年纪念章和中古友好证书，成为传播中国文化活跃的民间使者。

许鸿飞大师工作室与人才培养计划紧密结合，每学期安排至少一门项目化实训课程，在大师工作室进行项目化教学。通过安排老师作为大师工作室的助手，跟随大师学习，学院进一步提高了教师的行业专业技能，可以更好地进行项目化教学。通过大师工作室邀请的国内外大师举行形式多样的交流活动，学院“双师型”师资队伍的建设不断加速。每年举办3至4期的“许鸿飞国际艺术沙龙”，为学校教师和学生提供更多学习和交流的机会，促进他们的专业成长。在沙龙活动中，学院邀请国内知名艺术大师和设计专家，展示他们的创作理念和实践经验，与师生进行面对面互动。这种国际化的学术交流不仅增加了学院的学术影响力，也为学生提供了与国内外专业人士接触的平台，有助于他们在职业发展中更快地融入国际化的设计领域。2018年，许鸿飞先生向母校捐款500万元人民币，设立了“许鸿飞国际文化创意教育发展基金”，并通过学校的国家“双高计划”产品艺术设计专业群与其他合作伙伴联合共建了许鸿飞国际文化创意产业学院。这一合作实现了双方资源共享，推动了学校艺术设计人才的培养，同时促进学院国际化办学水平的提升和品牌影响力的扩大，助力学校实现“中国特色、国际知名”的目标。许鸿飞国际文化创意产业学院旨在推进学院艺术设计专业的国际化办学进程，培养高水平的设计创新人才，传承和发扬中华优秀传统文化和当代设计创新力量。该学院的项目制课程教学模式和国际化运营、交流合作形式旨在开展国际化教育，培养中国文化特色鲜明、国际知名的高端设计创新人才，为学院的国际化办学水平提供了重要支持。此外，该学院还有利于提升许鸿飞个人品牌影响力。该学院的国际化运营和交流合作有助于拓展文创品牌产品的国际市场，增加其在国际上的知名度和认可度。

名师工作室的建设为广轻艺术设计学院带来了巨大的推动力。它们不仅丰富了学院的教学资源，也提升了学院在专业技能培养和创新方面的能力。同时，与国内外专家的合作和交流，有助于学院在国内外的声誉和影响力的提升，为学生的学习和就业创造更多机会，为学院的进一步发展打下了坚实的基础。

第四节 “双高”建设成效

“双高”建设期间共计新增全国党建工作样板党支部、主持制订国家专业教学标准、建设国家级专业教学资源库、国家精品在线课程、出版国家级规划教材、结项国家艺术基金项目、国家职业教育教学成果奖二等奖、国家级教学能力大赛一等奖、黄炎培杰出教师奖、国际学生竞赛获奖、立项“国家生产性实训基地”以及轻工行业中小企业公共服务示范平台等国家级标志性成果168项；广东省教学成果一等奖、省级教学名师、省劳动模范以及教师创新团队等省级标志性成果1886项。在全国高职院校同类专业第三方评价“金平果”排名中，产品艺术设计、广告艺术设计、游戏艺术设计等三个专业连续三年全国排名第一。

第十章
事件驱动未来

广轻艺术设计学院的明天将如何呢？在回答这个问题之前，我们必须先回答什么决定了未来。

未来就是信心，有信心就有未来。

信心又来自何方？信心是由一系列的事件来驱动的。广轻艺术设计学院的办学模式就是“工学商一体化”。未来商业的动力就是一个个事件驱动。通过重大事件的策划与实施，引起政治、经济与文化各个层面媒体的关注，形成自己品牌及其主张的影响力，成为媒体持续关注的焦点，从而让学生在国际舞台上自信地展示影响力，同时为国际合作办学获得各种资源。

第一节　中国·广东轻工职业技术学院海丝文创作品展

为响应国家“一带一路”倡议，践行中国文化“走出去”，落实国家“双高计划”产品艺术设计专业群的国际化交流与合作规划，2023年7月28—30日，学院与国际郑和研究院联合主办的“中国·广东轻工职业技术学院海丝文创作品展”在马来西亚马六甲州

国际郑和研究院顺利举行。（图10–1、图10–2）

本次活动通过展览、评选、国际知识产权保护、知识产权授权使用和境外销售等一系列行为，实现优秀文化的应用活化，传播海丝文化，助力“讲好中国故事”。展览作品以郑和文化、娘惹文化为主题，创作的作品涵盖家居生活用品、首饰、皮具、漆艺、插

图10–1　海丝文创作品展暨海丝文创基地揭牌宣传海报

图10–2　海丝文创作品展暨海丝文创基地开幕剪彩仪式

画、服装与服饰等多个类别，共有作品100余件套。参展作品全部来自广轻艺术设计学院工学商一体化项目制课程的教学成果，是广轻学子对马六甲地区独特文化进行的设计畅想。3天展览期间，来自世界各地的观展者络绎不绝，个性鲜明富有创意的文创作品，不仅给观众留下美好的印象，而且激起了马来西亚企业家的投资热情，63件套实物展品中，有10件套作品被4家马来西亚企业选中，签订了全球独家知识产权授权使用协议。（图10-3至图10-5）

图10-3　海丝文创研发基地

活动中分别举行了广东轻工职业技术学院海丝文创研发基地（马来西亚）的揭牌仪式、海丝文创优秀作品颁奖典礼、客座教授聘任仪式、海丝文创作品知识产权授权使用签约仪式。

图10-4　海丝文创作品展

图10-5 走访马六甲鸡场街世界文化遗产项目

本次活动引起了海内外具有重大影响力的网络媒体与纸媒体的关注。通过媒体的关注，我们可以评估一下事件所引起的强大冲击力。这种冲击力有文化层面的、商业层面的，也展现了提升广轻艺术设计学院国际化影响力的事件营销能力。（图10–6、图10–7）

星洲日報
SIN CHEW DAILY
廣東輕工職業技術學院聯辦
今至後日海絲文創作品展

第105期 2023年07月10日 星期一
每周郑和资讯
中国.广东轻工职业技术学院
在国际郑和研究院成立海丝文创研发基地

中国·广东轻工职业技术学院海丝文创作品展将于马来西亚国际郑和研究院举行，同时，展览还将迎来一个重要的时刻——《海丝文创研发基地》的揭牌仪式。《海丝文创研发基地》是一个致力于促进海丝文化创意产业发展的重要平台，旨在推动文化创意设计与产业融合，加强中马两国在这一领域的交流与合作。基地的揭牌仪式将作为本次展览的一部分，在展览期间隆重举行。这座研发基地将为广东轻工职业技术学院艺术设计学院的师生提供一个创新、合作和交流的平台。通过与马来西亚国际郑和研究院的合作，基地将为学院师生提供更广阔的舞台，促进他们在海丝文创领域的研发与创作，推动作品的商业化转化和市场推广。此次揭牌仪式的举行标志着广东轻工职业技术学院海丝文创作品展和海丝文创研发基地的联动发展，进一步加强了中马两国在文化创意产业领域的合作。基地的成立将为海丝文化创意产业的发展注入新的活力，为中马两国的校企合作和文化交流搭建更广泛的桥梁。中国·广东轻工职业技术学院海丝文创作品展和《海丝文创研发基地》的揭牌仪式将在近期举行，届时将有众多嘉宾、学者、艺术家和行业专业人士共聚一堂，共同见证这一重要时刻。展览和基地的建立必将进一步推动中马两国文化交流与合作，为海丝文化的传承和创新注入新的动力。

每周郑和资讯 马来西亚国际郑和研究院

图10-6 马来西亚媒体报道

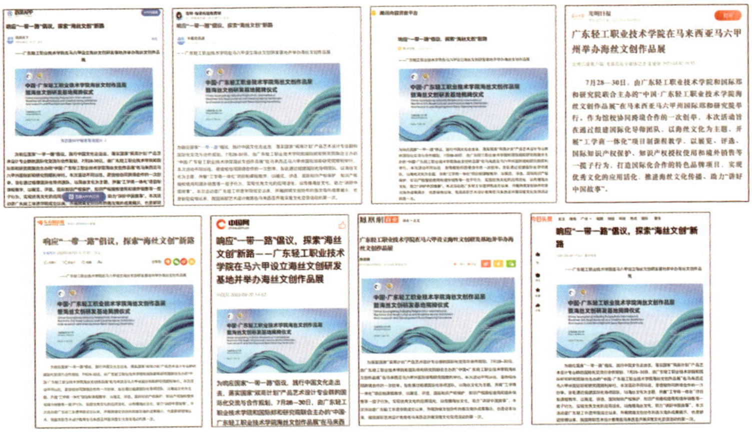

图10-7　国内主要媒体报道

第二节　我们的优势

为什么是广轻艺术设计学院代表中国高等职业艺术设计教育走向国际，获得了空前的影响力？我们必须分析在面对未来、面对国际化时，广轻艺术设计学院在“双高”建设过程中累积的优势。

一、模式的优势

工学商一体化的人才培养模式，在5年的办学实践中被证明是有其鲜明的个性化特征的，而且符合广东区域经济特色。这个模式无论是在理念与课程体系的支持上，还是在为产业提供服务上，都显现出其丰富的内涵与活力。

无论是在高地的打造还是在平台的建设上，这样的模式已经完整地呈现了所取得的成果。这些成果有些是成熟的，有些是潜在的，但无论如何这些项目都是可以延展的。

二、团队的优势

成果的背后是人。每个项目的发起与实施过程中，都是一批新人在成长。

那么什么是团队背后的东西呢？那就是文化。有著名管理学家说过：在文化面前，策略不值得一提。在一个又一个项目的累积过程中，存在着一种相对稳定的力量，那就是文化。

广轻艺术设计学院的文化，就是创新的文化，正是因为我们创造性地抓住了数字创意产业的风口，从而形成了这样一个欣欣向荣的格局。创新，就是要敢为天下先，这是广州精神与岭南文化的标签，也是广轻艺术设计学院的文化内核。

三、影响力的优势

经过近十年的努力，广轻艺术设计学院在行业中脱颖而出。我们已经被业界关注，也必将受到更为长久的关注。这种由项目群所构建的影响力优势，就是我们在“双高”建设过程中的先发优势。

我们清醒地认识到：我们尚未成为领导者，必然要受到挑战。这也正是我们所期望的，这证明我们还有同行者，我们并不孤独，我们还有前行的动力。

第三节　我们的机会

凡事顺势而为，才能事半功倍。我们的机会来自中国高等职业技术教育的发展，同时也来自数字创意产业的加速发展。

一、高等职业技术教育类型升级发展所带来的机会

高等职业技术教育是目前我国职业技术教育的核心与主体，但要让职业技术教育成为一个类型，促使人才培养模式由学历型向技能型的转变，就必须要以高等职业技术教育作为一个完整的教育类型，通过纵向贯通与横向融通，充分发育，从而与普通教育并驾齐驱。

1. 高等职业技术教育的纵向贯通

高等职业技术教育的纵向贯通，就是以高等职业技术教育为核心，高度重视中等职业教育的基础性作用。中职教育是中国特色职业教育体系建设的重要基础。通过中职教育，实现职业教育与九年义务制教育的连接，为人才培养的多样性开辟了新的通路。高等职业教育与中等职业教育的连接，丰富了中国职业教育的层次，为高等职业技术教育准备了对口的生源，为中等职业教育毕业生的深造与技能提升铺平了道路。

大力提升中等职业教育办学质量，推进高等职业教育提质培优，稳步发展职业本科教育，一体化设计职业教育人才培养体系，推动各层次职业教育专业设置、培养目标、课程体系、培养方案衔接，这是职业教育作为新类型教育的基石。

高等职业技术教育作为一种新类型的高等教育，必然将超越专科层次而向本科层次、特定方向的研究生层次发展。这种类型层次上的递进，也是高等职业技术教育纵向贯通的基本含义之一。

高等职业技术教育向本科的纵向贯通，是基于要满足整个产业的社会需求，是不可能通过单一层次的人才培养来实现的。中等职业教育，满足的是产业的基本技能需求；高等职业技术教育，满足的是产业的核心需求；高等职业技术教育的本科与研究生层次，满足的是产业的高级需求与未来导向的技能储备。

高等职业技术教育的纵向贯通，首先是要满足产业不断发展的需求，其次是满足个人的发展需求、终身学习的需求。产业发展与个人发展的一致性，使得高等职业技术教育类型的纵向贯通为职业技术教育的类型化与国际化奠定了基础。

广轻艺术设计学院在整合优质中职院校的基础上，正在开展高等职业技术教育本科建设的工作。以传统强势的工业设计专业群升本科作为试点与突破口，构造市场需求获取、产品设计与创新、市场推广的全产业链，开展产学商融合，总结以国际数字创意谷为基地的实验实训、服务产业的经验，积极开展与国际同类本科院校的合作，进一步吸纳优秀师资加盟，同时进行职业技术教育本科的人才规格定位、课程体系的重构、实训实验基地的升级，加强与头部企业合作，争取在高等职业技术教育本科中依然保持标杆与示范的地位。

高等职业技术教育本科建设为广轻艺术设计学院提供了新的发展机会。高等职业技术教育本科层次，依然重视产业需求与实践能力的提高。

尽管更高层次的高等职业教育将承载着更高的使命，具有更为丰富的内涵，我们愿意一如既往成为探索者。我们相信：高等职业技术教育的升级并不只是表现为文凭的升级，而是新的观念、新的思维与新的技能的导入。

2．高等职业技术教育的横向融通

高等职业技术教育的横向融通，就是职业技术教育与普通高等教育之间相互促进、相互借鉴、相互提升的关系。

一方面，高等职业技术教育要加强类型教育的纵向贯通，从而形成充分发育的职业技术教育类型，形成自身的教育理念、教育范式，形成以实践为基础的、以现实问题解决为导向的、为技能导向型人才成长提供支撑的特色类型教育；另一方面，高等职业技术教育充分吸取普通教育理论型的成果、逻辑与思维特征，发挥高等职业技术教育与生产实践第一线密切联系的优势，将理论研究的成果转化为现实的生产力。

高等职业技术教育与普通高等教育的横向融通，就是实践性与理论性的横向融通，是技能性与知识性的横向融通，是发展长远规划构建与现实解决方案的横向融通。这种横向融通，可以提高中华民族的综合素质，可以为未来一代提供更为多样的发展途径，也将是对人类智力财富的贡献。

只有两种教育类型按照自己的规律成长，这种融通才有意义。

这两者不存在谁高谁低的问题，这是两种不同特性的高等教育。实践需要理论的指导，理论只有与实践相结合，才不会成为无源之水、无本之木。

任何社会在其发展过程中，都会面临着各种各样的问题。人类正是在不断解决各种问题中前行。任何一种教育类型，都是在培养能够解决问题的人。无论是高等职业技术教育，还是普通高等教育，如果去除门户之见，都是培养能够解决问题的人。人们正是在解决问题的过程中提升自己的素质、获得知识与技能，从而形成自己特定的知识体系。在这个意义上，两种不同类型的教育之间的融通，就是共同用人类过往的整体知识体系来武装自己，共同面对人类的生存与发展问题。

中国高等职业技术教育自进入新的世纪以来，取得了长足的发展。中国高等职业技术教育，围绕着强势品牌而进行中等职业学校、高等职业教育专科再到高等职业教育更高层次的整合，形成自己的品牌化办学模式，从而与国际高等职业教育接轨，形成具有中国特色与国际水准的中国职业教育体系，将是未来几年的任务。

在这个整合发展期，广轻艺术设计学院将利用自己初具的品牌影响力优势，在整合中发展，在发展中整合，在中国艺术设计职业教育中占有一席之地。

二、数字创意产业对传统职业准备冲击所带来的机会

正如我们每天感受到的那样，数字创意产业正在改变我们对职业准备的传统认知。在云计算、大数据、物联网和人工智能面前，任何的技术技能都将是一个时间的概念，在时间中存在。在这个意义上，在通往未来的道路上，大家都站在同一起跑线上。

幸好我们是数字创意产业发展的幸存者、收获者，我们已经在基因层面就有了应对数字创意产业变革所带来冲击的能力。我们所有的课程、所有的资源库、所有的实验实训实践基地都是为未来而

设计的，未来赋能我们所有的建构。

对我们来说，数字创意产业所带来的变革越猛烈，我们的机会就越大。我们没有谈及我们所面临的短板、我们所面临的威胁，但在这样一个时代里，发挥我们的优势，掌握属于我们的机会，就是我们运营策略的全部。

再次致谢我们伟大的时代！